C/ San Juan de la Cruz, 9.
46009 Valencia. ESPAÑA.
www.psyli.com
Maquetación: Paco Company
www.estudioitaca.es
info@estudioitaca.es
ISBN: XXXXXXX
DEPÓSITO LEGAL: XXXXXX
IMPRESO EN ESPAÑA - PRINTED IN SPAIN

FCO. JAVIER LOZANO

MI HIJO TIENE TDAH

LA ENTREGA DE UNA MADRE

FCO. JAVIER LOZANO

MI HIJO TIENE TDAH

LA ENTREGA DE UNA MADRE

Prólogo del Dr. César Soutullo Esperón

PSYLICOM
Ediciones

Dedicado a todas las familias del mundo con algún caso de TDAH (o cualquier otro problema), pero especialmente a las madres que, consecuentes con su fin como tales, son capaces de dar su vida por ellos para que puedan ser felices. También a los padres que reconocen como suyo el objetivo y a cuantos se van uniendo para conseguirlo.

Prólogo

Javier Lozano, maestro y pedagogo, profesor de secundaria y orientador de los chavales en estas etapas difíciles. Maestro, me gusta esa palabra. Describe muy bien la labor del día a día, y la dedicación, no solo enseña, sino que ayuda a formar, junto con los padres, y a diseñar un futuro mejor para el niño. No solo el futuro profesional, sino una trayectoria vital. Maestro, esa palabra es la que usaba mi madre, cuando describía su actividad como maestra de escuela en los pueblos de Guadalajara, y luego en Madrid. Todos recordamos a algún maestro nuestro, alguien que supuso un antes y un después, que nos ayudó a descubrir algo, a tener fe en nosotros mismos, a saber que podíamos. Yo recuerdo a mi maestro de 5º de EGB, D. Amador Castañeda, dónde andará ahora, desde aquí le doy las gracias.

Javier Lozano me ha pedido que prologue su segundo libro sobre TDAH, tras el éxito del primero "Juanito y su TDAH". Cuando alguien que no conoces todavía te pide que prologues su libro…, por un lado es un honor grandísimo. Muchos sabemos la ilusión y el trabajo con el que se prepara un libro, y cómo dudamos al ponerlo en manos de otros, ¿les gustará, lo leerá alguien? Por otro lado te dice que, quizás, solo quizás, te estás haciendo mayor (lo que ya me dicen mis tres hijos desde hace años)… o que puede que seas una referencia para otros, algo que no habías planeado. Para escribir este prólogo Javier me envió el libro y un ejemplar dedicado del primero: "Para César, por tu trabajo constante por los niños y sus familias, porque gracias a gente como tú es mucho más fácil para todos encontrar la dirección que lleva al camino que conduce hacia la felicidad". Y me explicó su proyecto: "Me gusta implicarme con mis alumnos por los que lucho día a día para que consigan sobre todo ser felices". Y es ahí donde uno se da cuenta que el trabajo que realizamos, en la consulta, o en el colegio, cada uno desde su lugar, o escribiendo artículos o libros, dando conferencias en asociaciones de padres, congresos, colegios…; ese trabajo afecta, ayuda y anima a mucha gente que no conocemos y que puede que estén un poco mejor por nuestro esfuerzo. Este libro que tienen en sus manos les ayudará a entender mejor las dificultades que el TDAH provoca en la vida de un niño y de su familia. Y por eso quiero darle la enhorabuena a Javier.

Quiero resaltar el objetivo de Javier al escribir estos libros, encontrar el camino a la felicidad de cada niño, o ayudar un poco a ver la dirección. No aprobar, ir a la Universidad, tener un buen trabajo, o sacar una plaza en tal sitio…, sino "encontrar el camino a la felicidad". Luego el niño tendrá que recorrerlo, pero por lo menos le hemos puesto cerca del camino.

El primer libro es sobre un niño con TDAH y su día a día con los profesores y maestros en el colegio. Todos son profesores, solo algunos serán sus maestros, y será Juanito quien decida quién es el maestro que recordará toda su vida como alguien que le ayudó tendiéndole una mano.

El segundo libro es sobre una madre, Carmen, desde primera hora del día, pasando por ir al colegio, los deberes, las dificultades sociales del niño (no le invitan a los cumpleaños, por supuesto), su lucha por encontrar qué le pasa al niño. Carmen sabe que algo le pasa, como saben tantas madres, y padres, pero no encuentra quien le diga qué le pasa…

A veces los padres de niños con TDAH son culpados directa o indirectamente por los profesionales médicos, psicólogos, profesores… del problema del niño. Que si le sobreproteges, que si no le das estructura; que está muy consentido, que le pones muchos castigos; que si la madre no trabaja, que si la madre trabaja; que si es hijo único, que si es familia numerosa; que si hay mucho estrés en la familia, que si la familia es demasiado relajada... Pensemos en un niño de 10 años que llega a urgencias con la pierna rota, fractura abierta de tibia y peroné. Se ha caído de un árbol. ¿Qué le pregunta el médico? ¿Le pregunta que si se ha caído o le han empujado?, ¿que si los padres están separados o no?, ¿que si era en día de colegio o festivo? Si la pierna está rota, tendrán que operarle para arreglársela, ¿no?, digo yo.

Pero, si el niño tiene síntomas de TDAH, trastorno descrito en 1903, con prevalencia internacional demostrada en cientos de estudios del 5% de los niños en edad escolar, con base genética del 77%, y con hallazgos de retraso de 2,5 años en la maduración cerebral, medido por el grosor de la corteza frontal, de la función de áreas cerebrales implicadas en atención, impulsividad y retraso en la recompensa, y de su conectividad, que mejoran con el tratamiento combinado de psicoeducación, manejo conductual, apoyo académico y medicación segura y eficaz… ¿Por qué seguimos buscando culpables en los padres, los profesores, los videojuegos, los colorantes de la comida, los teléfonos móviles…? ¿Por qué no se reconoce que el TDAH es una enfermedad del cerebro? Posiblemente sea por miedo. Si el TDAH o cualquier enfermedad psiquiátrica es del cerebro, es una enfermedad real…, como el cáncer, la diabetes, el asma, o el infarto de miocardio, entonces nos puede pasar a cualquiera, no es culpa nuestra. Pero si es por factores externos, igual a mí no me va a pasar, "porque yo no hago esas cosas que lo causan, yo soy una buena madre…" Hasta que te pasa. Y entonces tienes todos los dedos que antes acusaban a otros, señalándote a ti. Y sabes que no es culpa tuya, porque el otro hermano está bien, y les has tratado igual. Porque este niño era así ya desde que nació, incluso antes de nacer, daba muchas más patadas que el otro en el útero…y así sucesivamente. El TDAH es real, es frecuente y es tratable, no tiene porqué condicionar la vida del niño, si se detecta y trata a tiempo.

Los padres de niños con TDAH tienen que recorrer ese camino desde la duda de que algo no va bien, a la certeza de que lo que le pasa al niño no es lo normal, pasando por la duda de si lo están haciendo bien, la negación: "seguro que esto no es nada", la rabia "porqué me ha pasado a mí", a la aceptación y puesta en marcha de un plan de acción, sacudiéndose de encima la autoculpa de algo que realmente no es culpa suya. En ese camino, que puede ser más rápido o más lento, los profesionales como Javier en el colegio, o los médicos y psicólogos en la consulta, tenemos una responsabilidad de formarnos lo mejor posible y ayudar a la familia a conseguir el mejor tratamiento disponible, para que el niño esté otra vez en igualdad de condiciones respecto a sus compañeros.

Mi impresión es que leyendo este segundo libro sobre la Madre de un niño con TDAH, podrán recorrer este camino mucho más rápido y mejor acompañados, para llegar a la aceptación de su diagnóstico y a lo realmente importante: buscar las soluciones para que el niño desarrolle todo su potencial. Gracias, Javier, por ayudar a tanta gente a encontrar su camino a un futuro más pleno. Y gracias por darme la oportunidad de leer y prologar tu excelente libro.

Dr. César Soutullo Esperón
Director, Unidad de Psiquiatría Infantil y Adolescente
Clínica Universidad de Navarra

Introducción

La experiencia obtenida tras la publicación de "Juanito y su TDAH. Ser feliz es posible" me animó a escribir este libro que hoy tienes en tus manos. En un primer momento simplemente me había planteado aquél, pero la respuesta recibida por los lectores, tanto a nivel personal como de otros medios o por las redes sociales donde me relaciono con muchos de ellos, hizo que viera la necesidad de seguir por el camino empezado. Muchas personas, tras leer el primero en el que contaba la historia de un niño, y saber que estaba escribiendo este sobre la de una madre, me han pedido otro con un protagonista también muy importante en este proceso, el docente, aunque mi duda surge al cuestionarme si despertaría el mismo interés que el sentido por madres y padres de niños con TDAH ante el problema que se les presenta y que tienen en casa con ellos continuamente.

Han sido muchas las madres que me han preguntado si al escribir la historia de Juanito estaba pensando en sus hijos o hijas, porque los veían reflejados, algo que me hizo pensar en que la historia de una madre también podía causar el mismo efecto, consiguiendo igualmente el objetivo previsto, que no es otro que lograr ayudar a quien se vea en la propia narración, pues si hay una persona insustituible, clave en este proceso, no es otra que la primera que cree en el afectado por el trastorno y que por todos los medios lucha para conseguir su felicidad. Esta es la madre.

La historia que estás a punto de comenzar a vivir habla de otro niño porque cada caso es un mundo, por eso en este la narración se desarrolla en otra familia. El libro consta de dos partes. En la primera de ellas, Carmen, una madre muy preocupada por su hijo Mario tras comprobar que van sucediéndole en su vida algunas situaciones que no parecen ser las que al resto de niños suelen acontecerles, especialmente en el ámbito escolar que es donde más se va a notar el contraste con sus iguales. A partir de ahí su vida en otros ambientes se resiente, comprobando que su vida familiar tampoco es la que todos habían deseado que fuera.

Por otro lado Pedro, el padre del niño, mientras tanto, sigue esperando que el paso del tiempo lo solucione todo, que el caminar monótono pero seguro de las manecillas del reloj pongan a su hijo en el lugar que él cree que le corresponde en su vida, pero ese momento no llega y es cuestionado constantemente por su compañera que le pide que se implique, algo que solo decidirá el devenir de los acontecimientos.

La segunda parte consta de una serie de reflexiones, desde los sentimientos, de varias madres de distintos puntos de España, e incluso de México y Argentina, que cuentan su punto de vista tras la experiencia vivida con sus hijos y de dos padres que explican la situación de forma algo diferente entre sí. Además, una joven que cursa bachillerato cuenta la dura experiencia vivida durante toda su escolaridad hasta llegar al momento actual, pasando por situaciones que no son deseables para nadie, pero menos para una niña cuando está buscando un lugar en esta sociedad en sus etapas formativas. Para terminar, dos historias ejemplares de unas mujeres excepcionales. La primera ha sabido superar todos los inconvenientes que han salido a su paso desde muy niña, y que a pesar de ser disléxica y con problemas de atención ha llegado a conseguir titulación universitaria, máster y actualmente está finalizando su doctorado, habiendo pasado por empresas de varios países y trabajando en investigación educativa. La segunda cuenta igualmente sus sensaciones en la superación de una dislexia que no le ha puesto nunca las cosas fáciles, demostrando con su ejemplo que el futuro está ahí delante para tratar de conseguir lo que uno se propone como ella ha hecho a pesar de su juventud, invitando a nuestros niños y niñas a no rendirse nunca a pesar de las adversidades y a seguir adelante. Si las madres son un ejemplo de constancia y perseverancia por su labor incansable a favor de sus hijos y los padres por unirse a ellas desde el principio, o más tarde, por el mismo fin, Carla, Fer y Luz, las tres últimas son ejemplos de trabajo, paciencia y superación, en las que muchos chicos y chicas pueden ver el ejemplo a seguir, porque solo así es posible llegar a las metas que se propongan, en un mundo donde nadie regala nada.

Me consta que a las personas que han colaborado les ha costado, en más de un caso, un esfuerzo contar algunas realidades que nunca antes habían salido casi ni del ámbito familiar, por lo que quiero agradecer muy especialmente desde el primer momento su disposición a hacerlo, consiguiendo además egoístamente por mi parte gracias a nuestra relación para elaborarlo, un buen manojillo de amigas/os.

Este libro, como verás, está salpicado de dibujos. Cada uno de ellos ha sido realizado por una persona distinta, desde una mujercita de seis años, hasta jóvenes de quince. Alguno tiene el trastorno, otros no, unos son alumnos míos y otros hijos de algunas de las personas que han colaborado con sus reflexiones, pero todos ellos los han realizado con una gran ilusión poniendo todo lo mejor de sí mismos y con un gran cariño hacia mí. Han sido un regalo impresionante, espero que para ellos sirva como un pequeño homenaje, en representación de sus compañeros y de todos alumnos que han pasado por mis aulas desde aquel primer colegio, donde yo empecé, mi querido "San Juan de la Peña" del nº 181, hasta el actual "San Valero" de la calle Violeta Parra, ambos de Zaragoza, mi ciudad.

Respecto a las valiosas aportaciones quiero aclarar que tanto algunos cargos en asociaciones o las titulaciones que aparecen junto a sus nombres y apellidos han podido variar a lo largo del tiempo que ha llevado todo el proceso desde que se comenzó a escribir el libro hasta que ha llegado a ser una realidad en tus manos, especialmente como es lógico las edades de los niños que realizaron los dibujos.

Quiero agradecer también a todas las personas que de una forma u otra, desde que nació Juanito, me han expresado su gratitud, me han ido contando sus historias o solicitado algún consejo, o sencillamente han querido charlar conmigo desde cualquier parte de España o Latinoamérica, algo que he valorado mucho, porque además de ayudarme a seguir trabajando por estos niños y niñas, también me anima a seguir con fuerzas renovadas con los que cada día al entrar al aula miran expectantes con sus caritas esperando a que les sorprenda con algo nuevo.

Para finalizar, antes de que puedas empezar, si no te has aventurado ya entre sus páginas, simplemente quiero agradecer que te hayas acercado a escucharme en ellas, esperando conseguir que cada día más personas se conciencien de la necesidad de trabajar juntos por las personas que tienen TDAH, especialmente si son niños o jóvenes, pues necesitan mucho más de quienes les rodeamos. Me gustaría animar a todas las madres a seguir por el camino que han emprendido, casi por instinto, poniéndole toda la fuerza y el valor de que son capaces y algo más, pero también a esas parejas suyas que deberían formar parte de un equipo básico imprescindible y que muchas veces, más de las que sería deseable, no son conscientes de ello por delegación hacia las madres de los pequeños, o simplemente por creer que el tiempo realizará implacablemente su trabajo, el que ellos no son capaces de asumir por falta de voluntad o por simple desconocimiento.

No lo dudes y comienza ya tu trabajo, con cariño, sin prisa pero sin pausa, porque el objetivo de este libro es que aprendamos a mirar al futuro, porque existe y, si somos capaces de afrontarlo con esperanza e ilusión, puede ser que sea mejor de lo que habías soñado.

Mario Mesa (10 años)

CAPÍTULO I

El efecto de una nota en la madrugada

Debían ser ya cerca de las dos de la madrugada. La cena, como de costumbre, había consistido en una ensalada, una pieza de fruta y un yogur natural desnatado por aquello de los kilillos de más que se habían ido acumulando en los últimos meses. No paraba de dar vueltas y vueltas en la cama sin poder pegar un ojo. Pensó en ponerse los auriculares para ver si escuchando el programa de madrugada que emitía su emisora preferida podía conseguir conciliar el sueño, pero ya sabía que al final terminaría metiéndose en la historia que contaba la persona que llamaba, porque ya le había ocurrido en otras ocasiones. Seguía revolviéndose, volviéndose para un lado y luego para el otro, repitiendo la operación una y otra vez, tratando de no despertar a Pedro, aunque intuía que él tampoco dormía, seguramente porque ella misma no le dejaba.

Miró de reojo aquellos números luminosos de color rojo en los que pudo leer que se acercaban las dos y media y ya no aguantó más. Girándose con cuidado y destapándose todo lo despacio posible por si su marido estaba dormido, fue bajando de su cama, se puso la bata que tenía colgada cerca de ella y sigilosamente salió de la habitación a oscuras, camino de la cocina. Una vez allí y asegurándose de que las puertas que conducían hasta donde se encontraba evitaban que la luz llegara a su dormitorio, pulsó el interruptor inundando de luz aquel espacio que le servía de desahogo.

Ella misma pensó que no podía volver a engañarse una vez más. Su insomnio, causado por un problema que daba vueltas desde hacía mucho tiempo en su cabeza, tenía nombre, y no era otro que Mario, su hijo de siete años al que quería con locura ¿cómo no lo iba a querer si era su madre? Daría por él su vida ¿qué madre no lo haría? Aunque ya le rondaba desde hacía mucho tiempo que algo no funcionaba bien, aquella nota manuscrita que ingenuamente el niño le había enseñado nada más salir del colegio, había encendido todas las luces de alarma que una madre tiene en su interior cuando de uno de sus hijos se trata. En ella pudo vislumbrar claramente todo aquello que llevaba pensando desde hacía mucho tiempo y, como si una voz se la releyera constantemente sin parar, rebotaba en su cerebro lo que su profesora había escrito unas horas antes: "No hay manera de que tu hijo termine las tareas que se mandan a todos los alumnos de la clase. Parece estar en su mundo y cuando vuelve de él está tan despistado y tan perdido que no para de enredar".

Mientras apretaba el interruptor del microondas para calentar un poco de leche en un vaso con la intención de combatir el insomnio, comenzó a notar cómo resbalaban por su cara algunas lágrimas que llevaban tiempo intentando salir como una expresión del dolor que su corazón sentía en aquel momento por lo que estaba sucediendo con su hijo Mario, aquel niño bondadoso y tierno, incapaz de hacer daño a nadie, que era la alegría personificada en todo momento, aunque a raíz de la nota que acababa de entregar a su madre aquel día, aquellos ojitos vivarachos que miraban a su alrededor como queriendo absorberlo todo, habían perdido algo de brillo al notar que aquello que su señorita Mayte había escrito en su agenda le había puesto seria y él sabía que cuando su madre estaba así algo no funcionaba correctamente.

Todavía no había sonado el pitido que señalaba que el vaso de leche que había introducido en el microondas estaba ya caliente, cuando escuchó unos pasos que procedían del pasillo. Era Pedro que momentos antes la acababa de escuchar sollozar y salía preocupado para ver qué le ocurría a su mujer y si podía ayudarle.

—¿Qué te pasa Carmen? Ya me he dado cuenta que desde que nos hemos acostado no has parado de dar vueltas en la cama. ¿Te encuentras bien? He pensado que salías al baño, pero he visto que la luz seguía encendida y me ha extrañado que tardaras en volver.

—No te preocupes cariño, no pasa nada. Tal vez me ha sentado mal la cena o es el jaleo que llevo últimamente con mi madre.

—¡Vamos! Que nos conocemos hace mucho tiempo y a mí no me engañas. Haz el favor de decirme lo que te pasa. Me jugaría lo que quieras a que tiene que ver con el crío.

El silencio de la noche, a pesar de la luz del fluorescente que lo llenaba todo, merodeó por la cocina. Pedro acababa de dar en el punto exacto y ella sabía que no podía ocultarlo por más tiempo.

—Tienes razón. Es Mario. Esta tarde ha traído de puño y letra de Mayte una nota en la que dice... espera que voy a buscarla.

—No te molestes, si entras a su habitación ahora puedes despertarlo. Ya la veré mañana.

Carmen explicó a Pedro lo que había leído en la agenda del niño y rompió a llorar amargamente, dejando en una simple anécdota las lágrimas que unos minutos antes habían salido de sus ojos azules. Él se sirvió otro vaso de leche al que echó un poco de café que había quedado en la cafetera del mediodía y, tras acariciar el pelo a su mujer, ambos se dirigieron al salón donde se sentaron a la luz de la lámpara que les iluminaba desde una pequeña mesa redonda en el rincón al lado de donde se colocaron.

Sentados frente a frente en dos sillones, él la miraba. Había dejado su vaso en la pequeña mesa para secarse las lágrimas que todavía pugnaban por salir. Algunos minutos de frío silencio, interrumpido solamente por los hipidos resultantes del sollozo anterior, dieron paso a la conversación que ambos habían decidido mantener.

—Bueno Carmen, tranquilízate. Será lo mejor. En estas condiciones no vamos a ningún lado. —Decía el marido tratando de dar un paso para conseguir un ambiente en el que se pudiera conversar—

—Tienes razón Pedro, pero es que estoy empezando a preocuparme. Ya no puedo más, todo esto me está superando por momentos.

La pareja simplemente había tratado de crear un clima en el que fuera posible intercambiar opiniones, pero sobre todo entenderse, pues ambos habían vivido ya situaciones similares en otros momentos, incluso por otros motivos, y tenían muy claro que siempre que las emociones sobrevolaban la escena, ella rompía a llorar y no había manera de seguir, consiguiendo en cierto modo algo de crispación en Pedro que en nada facilitaba las cosas.

La verdad era que las posturas de ambos en este tema de Mario, lejos de acercarse, cada día se alejaban más, creando una brecha que a veces hacía resentirse incluso su relación personal, su propia pareja, en otros tiempos de apariencia indisoluble y bajo un halo de compenetración total que ahora parecía haberse esfumado como por encanto.

—Siempre te he dicho lo que pienso y lo sabes Carmen. Creo que exageras demasiado las cosas. Mario es un chiquillo como los demás, como cualquier otro. ¿Has visto un niño que a su edad se esté quieto siempre? ¿qué no pierda cosas? ¿qué no se le olvide algo de vez en cuando?

—Que tienes razón, que a muchos de los críos les pasa, pero ¿no ves que eso que me dices a Mario le sucede con demasiada frecuencia? Eso no me parece que sea lo más normal. Y esa nota…

¿qué? ¿también te parece normal?

Pedro empezaba a impacientarse al contemplar que la conversación volvía a los senderos habituales, a esos derroteros por donde no se llegaba a ningún lugar, en los que las conclusiones no podían existir y que provocaban la situación que tanto le crispaba, porque sabía que su mujer volvería a empezar a llorar de un momento a otro, convirtiendo en inútil el momento. Miró de reojo el reloj para que Carmen no volviera a reprocharle que ya quisiera pasar del tema una vez más y se dio cuenta que las manecillas no dormían tampoco y que ya habían dejado atrás las dos y media. Pensó una vez más que se encontraban ante un tema sin salida y que estaban perdiendo un tiempo de sueño precioso que él necesitaba para poder estar fresco al día siguiente en su puesto de trabajo. ¡Tanto tiempo para nada!

Carmen mientras tanto notaba la impaciencia de su marido, pero no se atrevía a decirle que la situación no podía seguir así, que empezaba a ser ya hora de tomar alguna decisión que ayudara a comenzar a fabricar entre todos una solución. Ella, había olvidado el trote sin descanso del tic tac del reloj de péndulo del salón. Al día siguiente tenía que estar bien despierta porque en su casa no se paraba ni un minuto, pero eso parecía no importarle demasiado.

—Compáralo con cualquier crío de su clase. Mira por ejemplo Pablo, el crío este que siempre viene a buscarlo su abuela. ¿Sabes quién te digo?

Carmen, tras pensar unos segundos, se dio cuenta de quién le hablaba.

—Pedro, no es bueno comparar, cada niño es un mundo, pero con Pablo te has ido al otro extremo porque ese precisamente es un caso que no es en absoluto comparable. Ese crío tiene una problemática distinta a la de Mario, la vida en su familia nada tiene que ver con la nuestra.

—Pues hace cosas muy parecidas, que lo he visto yo algún día al ir a buscar al chico.

—No digas tonterías, por favor. No tiene nada que ver con el nuestro.

—Eso lo dirás tú. Oye que me voy a la cama que mañana no habrá quien se levante.

Dejando a su mujer sentada en aquel sillón, dio media vuelta y tomó el camino de su dormitorio. Ella miró fijamente el vaso de leche al que le quedaba escasamente un dedo, apuró su contenido y estuvo contemplando durante algunos minutos aquellas gotas que resbalaban por el cristal como en una caída sin fin, como si no fueran a llegar nunca al fondo del vaso, comparando la situación con la de Mario, al que desde hacía ya algún tiempo observaba que empezaba a decaer, sin que nadie hiciera nada por evitarlo cuando todavía era posible ayudarle.

Se levantó, se dirigió al balcón y corrió la cortina que la separaba de la vida real, la que a esas horas todavía se vivía en la calle a pesar de ser casi las tres de la madrugada. Un perro sin dueño cruzaba la calle por el paso de cebra, algo que hizo a Carmen que por unos instantes esbozara una ligera sonrisa inimaginable unos segundos antes. Más allá, una pareja volvía seguramente de trabajar y se apresuraba alargando el paso tratando de ganar cuanto antes el merecido descanso. Siguió allí por unos momentos, apoyada su frente en el frío cristal, mirando sin mirar realmente al exterior, porque a donde de verdad fijaba su vista era a su interior con una perspectiva que si se trata de un hijo nunca falla, es la que da observar con el corazón.

Poco después pensó que sería mejor volver a la cama, al menos tumbada descansaría algo hasta que pudiera dormirse. Salió del salón y camino del dormitorio no pudo resistirse al pasar por el cuarto donde dormía su hijo. Abrió la puerta con cuidado para no despertarle y gracias a la luz del baño que previamente había encendido para poder ver sin que le molestara al niño, pudo comprobar que dormía plácidamente. Volvió a dejar resbalar alguna lágrima y salió con cuidado tras darle un besito en la frente. Volviendo sobre sus pasos, salió y se metió en su cama donde Pedro roncaba como si lo que a ella le estaba suponiendo tanto sufrimiento, no fuera con él.

La negra noche seguía su curso, rota únicamente por aquellos números de color rojo que se dibujaban en la oscuridad y que martilleaban su cabeza con aquel número que le estaba recordando que eran las tres y cuarenta y siete minutos. Al poco rato, mientras volvían otra vez más las lágrimas a resbalar por su cara, Carmen se quedaba dormida entre imágenes de dos de las personas que más quería en su vida, su hijo al que veía desmoronarse por momentos y de su marido al que no sabía cómo conseguir que comenzara a ser consciente de lo que le estaba pasando a Mario.

David Mesa (14 años)

CAPÍTULO II

Los primeros indicios

La luz comenzaba a entrar por los agujeritos que dejaba la persiana de la habitación de Mario que no ajustaba bien del todo.

—Mamá... mamá... —llamaba Laura—

—Pedro ¡nos hemos dormido!

—¡Vaya nochecita! Refunfuñaba entre sueños todavía el marido mientras comenzaba a desperezarse sin la más mínima señal de agobio ante la situación.

Tras el esbozo de conversación de unas horas atrás en el salón de la casa, ambos se levantaban uno por cada lado de la cama. Él por la izquierda sin ni siquiera mirarla, ella por la derecha con la mirada fija en ningún sitio, como si buscara en el infinito algo que le ayudara a encontrar la entrada a un camino que le llevara a la solución del problema que en este momento le traía de cabeza.

Cada uno siguió sus propios pasos como de costumbre, aunque hoy algo más apresurados al empezar a ser conscientes de que el despertador no les había despertado como era su obligación cada mañana, puesto que había estado sonando en vano. ¿Cómo no habían podido oír aquella voz ronca que todas las mañanas desde su emisora habitual había estado hablando para nadie? El ambiente no era el más adecuado, pues a la escasa y casi ausente conversación de madrugada, se añadían las prisas y un cierto halo de mal humor aderezado con un toque depresivo que lo inundaba todo.

Mientras el padre se metía al baño, Carmen iba directamente a despertar a los chicos a sus respectivas habitaciones.

—¡Mario! Venga, arriba cariño, que nos hemos dormido y no hemos oído el despertador.

—¡Laura! Levanta pequeña que ya es hora y vamos a llegar tarde.

La madre, sin ni tan siquiera asegurarse de que los niños le habían hecho caso y se estaban levantando, se dirigía a la cocina para preparar los desayunos. Dos vasos de leche, uno bien caliente para Laura y otro templado para Mario, el de la niña con una cucharadita de cacao en polvo, el del niño con algo más. Aunque su madre trataba de no echarle demasiado, él lo notaba enseguida y comenzaba a protestar, a lo que añadía sus quejas si la leche no estaba como le gustaba, ya que nunca tenía paciencia para esperar a que se enfriara si se había pasado un poco de temperatura. Eso de soplar y soplar para que se templara no iba con él que quería tomarla ya, nada más tener el vaso en su mano.

—¡Venga chicos! la leche está preparada —llamaba Carmen desde la cocina con un tono suave de voz.

En ese momento aparecía Laura que, a sus cuatro años, ya se trataba de poner sin mucho éxito algo de ropa, aunque su madre tenía que colocarle luego todo bien, porque si conseguía acertar con algo, casi siempre se lo ponía del revés.

—Marioooo… —volvía a gritar, esta vez con un tono que indicaba algo más de premura.

—Ya voy mamá.

—¡Vamos a llegar tarde Mario!

El marido aparecía por la cocina y se despedía con un beso a su esposa, que casi lo recibía al vuelo, sin ni siquiera detenerse a mirarle a los ojos un segundo.

—¿No vas a desayunar? Te he preparado ya tu café.

—No tengo tiempo, llego ya tarde y no quiero problemas en el trabajo. Está la cosa últimamente algo revuelta por allí. Ya pasaré más tarde, si puedo, al bar de al lado.

La niña buscaba un beso de su padre que la tomaba en brazos a toda prisa y se lo daba sin prestar toda la atención que la pequeña anhelaba. Al salir al pasillo se encontraba a Mario, al que besaba con las mimas prisas que a las dos mujeres de la casa, y salía rápidamente por la puerta del domicilio, sin tan siquiera volverse a mirar.

Carmen, que no perdía detalle de cuanto pasaba a su alrededor, había contemplado la escena desde la barrera de sus sentimientos, sin inmutarse, lo que no quería decir que no hubiera sufrido ante lo acontecido en esos minutos. El comportamiento del padre le había dolido más que a la niña. Le costaba entender que la raíz del asunto fuera la incomprensión ante un problema, que era de los dos, un hijo común que debería unirlos y que ella había visto desde hacía ya algunas semanas que más bien parecía separarlos.

Continuando con las prisas terminó de vestir a los niños, ayudó a Laura a coger lo que había de llevar a la escuela, e instó a Mario a que se asegurara de que no se dejaba nada, aun a sabiendas de que una vez en clase, echaría en falta cualquier libro o cuaderno, pero hoy era demasiado tarde para revisar uno por uno. Minutos más tarde salía con su pareja camino de la escuela.

Una vez que hubo dejado a sus hijos en el centro escolar, siguió caminando por la vereda bordeando el parque al que siempre que podía bajaba a los niños a jugar. Vio un banco vacío y se sentó en él a descansar. Su cabeza no paraba de dar vueltas a todo lo ocurrido en las últimas horas. ¿Cómo podía estar cansada si el día acaba de comenzar? Las prisas no eran causa suficiente. En realidad no era un cansancio físico sino más bien anímico. La situación que veía pergeñarse en casa no pintaba bien y para sacar adelante a sus hijos, en especial en este instante a Mario, sabía que estar juntos Pedro y ella era esencial. Se había quedado como pillada por la situación, se encontraba sin fuerzas para moverse. Mientras miraba a un pequeño gorrión que jugueteaba con el agua que lanzaba el surtidor de una fuente unos metros más allá, echó mano al bolso que llevaba colgado al hombro y sacó su teléfono móvil. Desprendiéndolo de su funda marcó un número… al otro lado estaba su cuñada

—Hola Eva. Pensaba que no estarías. ¿No te ibas con tu madre a por el vestido que visteis la otra tarde?

—Hola. No, decidimos dejarlo para mañana, tenía que ir la mujer hoy a otras cosas. ¿Qué querías?

—¿Te apetece tomar un café? Me gustaría hablar un poco contigo, lo necesito.

—¿Qué te ha pasado? ¿Has discutido otra vez con mi hermano?

—Sí y no. Te lo cuento cuando nos veamos. ¿En “El mirador” como siempre?

—Vale, hasta ahora mismo.

Carmen volvió a guardar su móvil en el bolso y a paso lento, algo cansino, se encaminó al bar donde habían quedado las dos mujeres para poder conversar un rato sin que nadie las molestara. Al doblar la esquina desde donde ya se veía la puerta del lugar de la cita, vio que a lo lejos se acercaba Eva, que destacaba del fondo por su rubia melena al viento. Llegaron casi a la vez y tras un par de besos se adentraron en el local, pidieron un par de cafés y se sentaron al fondo en la última mesa. A esa hora de la mañana casi no había nadie.

—Bueno cuñada, cuenta ¿qué te pasa esta vez?

—No sé por dónde empezar. No es nada serio, aunque si no se toman medidas podría serlo.

—Venga, empieza que me tienes en ascuas

—Esta mañana nos hemos quedado dormidos, no hemos escuchado el despertador y todos hemos salido a toda prisa. Ese no es el problema, está claro, pero tu hermano se ha ido sin desayunar y a los niños casi ni les ha mirado, les ha dado un beso sobre la marcha mientras salía por la puerta.

—Bueno, ya sabes cómo es Pedro. Es una buena persona y está loco con sus hijos, pero siempre ha sido bastante impulsivo y basta que le salga una cosa mal para que se dispare y paguen las consecuencias las personas que están a su alrededor. Más tarde, enseguida recapacita y te pide disculpas. Verás como cuando llegué a casa a mediodía o esté más tranquilo lo hace.

—No Eva, es que no ha sido simplemente el tema del despertador. Ayer Mario volvió del colegio con una nota de una profesora en la que se quejaba de su comportamiento y de que no hace nada. A raíz de eso, yo anoche no podía dormir, me levanté y a continuación tu hermano vino para ver qué me pasaba y tratamos de hablarlo, pero se quedó en eso, en intenciones. Él no es capaz de asumir que su hijo tiene un pequeño problema y que si no reaccionamos puede empeorar la situación y agrandarse con el paso del tiempo.

Así, durante un rato, fue discurriendo la conversación entre las dos mujeres. Por una parte Carmen tratando de explicarle a su cuñada el porqué de la nota, una situación que ya no era nueva y que ella trataba de hablar con Mario para intentar que tanto su comportamiento como su trabajo en el aula fueran mejorando día a día. Además quería hacerle ver, como ya había comentado al principio de su conversación, la falta de conciencia que Pedro tenía sobre la situación que se estaba creando alrededor del niño, puesto que él seguía con la idea fija de que no le pasaba absolutamente nada, que eran cosas típicas de la edad y que llegaría un momento en que ese comportamiento desaparecería y su rendimiento subiría como la espuma. Por otra parte Eva intentaba tranquilizar a su cuñada repitiéndole, una y otra vez, que su hermano era una gran persona, algo que Carmen nunca dudaba, pero con unos "prontos" que eran algo incómodos para quienes estuvieran cerca de él en esos momentos.

Casi una hora después de estar delante de aquellos cafés

humeantes, ahora convertidos en sendas tazas con manchas marrón claro y un toque de color carmín en los bordes por los que habían bebido, se levantaron y, tras la típica discusión para pagar que culminó con el clásico... "ya te invito yo que soy la que te ha hecho venir"... de Carmen, salieron a la puerta. Una vez allí, un par de besos y un hasta luego constituyeron la despedida, aunque no habían caminado ni dos metros cuando Carmen se volvió a escuchar de nuevo a Eva que le decía algo.

—Luego te llamo para ver cómo estás.

—Vale, gracias. No te preocupes, estoy bien.

A partir de este momento cada una de ellas siguió su camino pero, mientras Eva no tardó demasiado en mandar sus pensamientos hacia otras actividades que tenía planteadas para las horas siguientes antes de la comida, Carmen, por el contrario, seguía dándole vueltas todo el rato a lo mismo, aunque había un detalle que no le había pasado inadvertido. Su cuñada había estado hablando de la impulsividad de Pedro ¿no se parecía demasiado en este punto a su hijo? De acuerdo que uno era el padre y el otro su hijo, también que las coincidencias y parecidos entre uno y otro podían ser lógicas precisamente por eso, pero algo le rondaba por la cabeza y no acertaba a saber qué era, y estaba segura que tenía que ver con esa impulsividad y con esa coincidencia.

La enorme soledad que sentía ante la situación le angustiaba. Lo que ella tenía era una sensación de vacío inmensa, como de abandono. Era difícil de solucionar. Sabía que tenía que ir al colegio para hablar con Mayte, la profesora que había enviado la nota, pero era consciente de que esa no era la solución, ni tan siquiera el principio de la misma. Muchas otras veces anteriormente había hablado ya con ella y jamás le había servido de nada, nunca la sacaba del apuro. Ya había tenido esa misma sensación con otras maestras anteriores porque nunca fue un niño fácil. Únicamente en su recuerdo, como protegida por un halo de cariño, permanecía Isabel, aquella encantadora y dulce maestra de guardería que tuvo toda la paciencia que a las posteriores les faltaba, como si hubiera gastado la que correspondía al resto de docentes de su escolaridad posterior, al menos hasta la fecha.

La mañana fue discurriendo en silencio, a pesar de que la cabeza de Carmen era un hervidero de ideas que iban y venían, que aparecían y desaparecían sin conseguir un efecto duradero, sin que hicieran mella en el problema que le agobiaba. Estar sin trabajar desde que habían cerrado la empresa en que había permanecido los últimos cuatro años como administrativa, le dejaba demasiado tiempo para darle vueltas a todo, aunque en este momento casi le agradecía al destino que así fuera porque iba a poder dedicarse a su hijo. De una u otra manera conseguiría averiguar qué le estaba pasando a Mario y buscaría la forma de afrontarlo, pero el niño tenía que dejar de sufrir de una vez.

Tras apañar la casa, que con las prisas de la mañana había quedado un poco revuelta, dejó hecha la comida y salió una vez más, como todos los días a buscar a sus pequeños a la escuela. Como siempre llegó antes de la hora, le gustaba ser puntual. Se sentó en uno de los bancos que había en la entrada y se dedicó a observar a un grupo de críos más mayores que el suyo que en ese momento parecían estar jugando a diversos deportes en un rato libre dentro de la clase de Educación Física. Estuvo unos minutos fijándose en uno en especial que jugaba a balonmano y que no hacía más que discutir, él con casi todos los demás y estos con él, porque no hacía lo que le pedían. En cierto modo veía reflejado a su hijo, pensó, desechando luego la idea, tal vez porque no había tenido ocasión de verle en esas circunstancias. Estaba en esos vericuetos mentales cuando alguien la saludó. Se trataba de la madre de un niño, compañero de la pequeña Laura. Entre ambas mujeres se estableció la conversación que siempre empieza por comentaros típicos y también triviales sobre el poco tiempo que falta para que salgan los niños y cosas por el estilo.

Al verse allí muchos días, más de una vez habían compartido conversación sobre cuestiones de sus hijos, casi siempre de temas más bien que no comprometían a nada, pero esta vez Carmen, casi por inercia, como sin pensarlo, comenzó a contar superficialmente su problema, diciendo lo que le pasaba por la cabeza, buscando inconscientemente ayuda. La otra madre, notando la preocupación que emanaban de sus palabras y con una cierta mezcla entre preocupación y curiosidad, trató de ahondar en el tema durante unos minutos hasta escuchar la palabra que Carmen había estado mascullando toda la mañana para sus adentros.

—La verdad es que sí, que no para, es bastante impulsivo en muchas ocasiones, como su padre —decía como reforzando la afirmación sobre su hijo.

—Ya sé que no es bueno comparar, pero el otro día la madre de Adrián —otro compañero de los pequeños— decía lo mismo de su hijo mayor, de nueve años. Está harta y no hay manera de hacerse con él. Dijo que le habían comentado que igual era hiperactivo, la verdad es que muy bien no sé qué es eso.

—Yo tampoco, alguna vez lo he oído pero mi crío lo que es, es muy movido. De todos modos me gustaría saber qué es lo que le pasa, pero sobre todo saber cómo solucionarlo.

Un bullicio de gritos, risas y llamadas a las madres llenó todo el recreo en cuestión de segundos. Los pequeñajos comenzaban a salir y al ver a sus madres, al tenerlas a la vista comenzaban a correr a sus brazos gritando y chillando.

—Mira mami, lo que hemos hecho con cartulina.

—Laura, un beso primero ¿no cariño?

Tras el beso y los halagos a la niña por aquella maravillosa margarita que acaba de hacer con su señorita en clase, ambas se despedían del resto y se acercaban a buscar a Mario que salía por otra puerta, unos metros más allá, con los alumnos de primaria. Al salir aprovecharon para abordar a Mayte, la maestra que había escrito la nota que tanto revuelo había suscitado en su cabeza e incluso en la pareja. Les dijo, con no demasiado entusiasmo, que dos días después a la salida de las clases por la tarde les atendería. Unos instantes más tarde estaban de camino a casa los tres. Por un lado Carmen con Laura de la mano que le iba explicando su mañana con sus compañeras, sus juegos y sus trabajos. Por otro Mario, le contaba a su madre dos o tres riñas y discusiones a lo largo del recreo, además de mostrarle el estuche roto comprado la semana anterior que había tratado de recomponer sin éxito en el pasillo donde había sido desterrado por Mayte, mientras el resto daba en silencio la clase. Los tres seguían su camino pero él subía y bajaba por los bancos del parque como si el suelo por el que caminaban su madre y su hermana no pudiera pisarse por peligro de derrumbe.

Mario Mesa (10 años)

CAPÍTULO III

La batalla de los deberes

Tras la comida volvió, como todos los días, la rutina diaria de idas y venidas al colegio. Finalizó con un pequeño ratito en el parque donde los niños lo pasaron muy bien teniendo ocasión de desfogarse, aunque el punto negro ¡cómo no! lo puso Mario convirtiéndose una vez más en el protagonista negativo del momento. En esta ocasión había roto las gafas de un niño accidentalmente. Todo el mundo lo había visto, nadie se había enfadado con nadie y menos con él, pero es que siempre tenían que recaer todas las miradas en el mismo. Carmen tenía ganas de llegar a casa por desaparecer de allí, pero llegar ¿para qué? Comenzaba en esos momentos la batalla vespertina de los deberes ante la que se veía impotente y desamparada. Su marido solía llegar más tarde de lo que a ella le gustaría. Además hoy tenía ganas de comentarle tantas cosas, pero ¿estaría en disposición de escucharle? Se propuso esperar el momento para decidir qué haría. Estaba ensimismada con sus cavilaciones cuando un ruido, seguido de un grito le hizo bajar a tierra.

—¿Qué ha sido eso?

—Es que quería llevarte yo esto ahí— se oía a Mario alzar la voz desde la otra esquina de la casa.

Apresurándose llegó a la puerta del salón donde había dejado algunas cosas que había comprado al volver del cole por la tarde y que al entrar, con las prisas, había dejado olvidadas. Allí estaba el niño con dos bolsas de plástico llenas de paquetes, una en cada mano, llorando y con una pequeña herida sangrando en su pierna izquierda. El resto de la escena lo formaban montones de cristales por el suelo esparcidos como si algo hubiera explotado con fuerza. La madre, al ver la escena, se dirigió rápidamente al niño para ver si estaba bien y lo abrazó.

—¿Qué ha pasado cariño? ¿Te has hecho daño?

—No mami, solo un poco de sangre.

—Te has asustado ¿verdad?

—No, pero pensaba que me reñirías.

La madre se quedó preocupada ante aquella respuesta. Normalmente nunca solían chillarle a pesar de que el bueno de Mario últimamente hacía una tras otra. No había día que no montara algún número o rompiera algo, y verdaderamente las fuerzas que permitían aguantar sin alterarse eran puestas a prueba con demasiada frecuencia. Lo cierto era que Carmen tenía más paciencia que Pedro, aunque ella siempre creía que debería ser al revés puesto que al no trabajar actualmente estaba todo el día con él y su sistema nervioso a veces hacía aguas, aunque sabía mantener el tipo bastante bien a pesar de todo. A su marido, veía que ya se le empezaban a ir un poco los nervios en las últimas ocasiones que había ocurrido algo. Ella era mucho más paciente.

—Mario, venga, no llores, no te he reñido. No tienes por qué asustarte.

—Es que como en el cole siempre que pasa algo me chillan a mí...

Con estas palabras el niño ponía otra pieza en un puzle que su madre llevaba ya días intentando completar. ¡Ya tenía una más! Pero faltaban tantas... Lo que Carmen constataba con gran pena era que el chiquillo tenía la autoestima por debajo de la suela de sus zapatos y eso le dolía demasiado. Tenía que reaccionar lo antes posible pero ¿cómo? Estaba bastante perdida.

Pasado ya el susto inicial, tras mandarles que se prepararan para merendar, se dispuso a recoger aquel desastre que se había organizado. Escoba en mano comenzó a barrer todos los cristales con un halo de tristeza, porque aquel jarrón de cristal que se había convertido en miles de trocitos pequeños, tenía para ella un valor sentimental... ¡No! De repente su gesto cambió en milésimas de segundo y se convirtió en una amplia sonrisa. Allá en la estantería del mueble, en su lugar de siempre, seguía aquella joya, la pieza de cristal que años atrás le regalara su madre. La única pieza que existía de su abuela, a la que ella no había llegado a conocer. Por lo tanto seguía entera, pero entonces ¿de dónde habían salido...? Aquella sonrisa que adornaba su cara, antes descompuesta, se tornó en algo bobalicona al averiguar su procedencia. Mario casi les acaba de solucionar un problema sin resolver desde unas semanas antes de su boda, bastantes años atrás. Había roto un jarrón horroroso que una tía lejana les había regalado y que permanecía en un rincón del mueble esperando, aunque nadie se atrevía a confesarlo, a que llegara un momento como aquél. Todavía recordaba aquel instante en que recibió aquel horrible objeto en sus manos.

—Mira, te he traído un regalo que te encantará para que adorne el salón de tu nueva casa. Es una pieza que me han dicho que es única.

—Gracias tía —y le dio un par de besos.

Al abrirlo y comprobar que contenía una pieza tan horrorosa, lo primero que pensó fue que no le extrañaba que fuera única pues al que la hubiera hecho no le habían podido quedar ganas de hacer otra igual de fea. Se hizo un prolongado silencio en el que la tía esperaba escuchar alguna palabra de la sorprendida sobrina.

—¿Te gusta hija? —preguntó ella al ver que la chica no decía nada—

Levantando su vista y mirándola fijamente le contestó…

—Tía, me has dejado sin palabras.

—Lo sabía hija mía, sabía que te iba a encantar.

Recogía el último cristal del horroroso jarrón mientras seguía metida en aquella escena que revivía en blanco y negro. En realidad, su sonrisa también escondía un poco de pena por aquella tía que seguramente había llegado a su casa con toda su ilusión. De repente volvió a su realidad y recordó que aquellos instantes de relax pensando en la escena que se produjera años atrás, le habían venido bien para descansar, pero se acordó de que sus dos fierecillas estarían impacientes esperando su merienda.

Mientras preparaba el bocadillo de jamón con tomate para Mario y de chocolate para Laura, así como el tiempo que estuvieron frente al televisor que había en la cocina, la calma permaneció instalada entre ellos, pero al terminar el capítulo de la serie de dibujos animados que estaban viendo, pareció como si un resorte instalado en cada silla les impulsara a toda prisa hacia el pasillo.

—A ver chicos…

Carmen los llamó rápidamente porque sabía que tras esa estampida la mayoría de los días había problemas. La hora de los deberes se acercaba y quería que estuvieran tranquilos para poder empezar con algo de garantías, ya que en unos minutos se deterioraría el ambiente por sí mismo como solía ocurrir. Era un momento del día que le gustaría borrar de su vida diaria pues sufría como no lo hacía en ningún otro.

Como de costumbre oyó cómo unos pasitos apresurados, los de Laura, se acercaban a la cocina donde ella se encontraba, mientras que a la vez un "ya voy" que ya esperaba la adelantaba por el aire. Ambas, madre e hija, fueron hasta la habitación de Mario para decirle que ya era hora de empezar a trabajar. Allí estaba él, con una caja de cochecitos metálicos de múltiples colores extendida por el suelo, mientras estaba jugando con unas construcciones que ya había esparcido también por toda la habitación.

—¡Hijo mío! Pero ¿cómo has podido hacer todo esto en tan poco tiempo?

—Es que estaba con los coches pero me he acordado de lo que intenté construir ayer y…

—Bueno Mario, todo eso me parece muy bien, pero lo primero que tenemos que hacer ¿qué es?

—Los deberes mami, pero es que no me gusta, eso es un rollo.

—Cariño, sabes que todos días nos pasa lo mismo y luego cuando te pones, si le echas ganas, lo haces enseguida y además muy bien.

—Pero luego ¿vale? por fa, por fa, por fa —decía con voz melosa intentando ganarse a una madre que tenía que luchar interiormente para no caer y dejarle salirse con la suya como había ocurrido ya en otras ocasiones.

—No Mario, sabes que no. Podemos hacer una cosa, dejamos esto así y después sigues jugando, pero primero los deberes. ¡Venga! ¿Dónde está la agenda?

La cara del niño y su rebuscar por la mochila del cole sin rumbo fijo le dieron la pista a Carmen de que se había vuelto a olvidar la agenda en clase. Cargada de paciencia tendría que ayudar a su hijo a recuperar la lista de trabajo para el día siguiente porque sabía que por él mismo no movería un dedo. Como mucho si le insistía, comenzaría a llorar y no iba servir de nada.

—¿Te la has vuelto a dejar de nuevo? ¡Qué cabeza tienes majo!

Armándose de paciencia, de la que tenía grandes dosis, trató de hacerle ver al niño la conveniencia de buscar alguna forma de que nunca más se le olvidara, pero lo inmediato era conseguir que tuviera a mano todas las cosas que tenía que hacer para el día siguiente, porque si no, solo le faltaba que le pusieran también un cartel en la espalda por no llevar las cosas de casa. Ya bastaba de ser el vago o el despistado de la clase, además de cargarse las culpas de todo, de ser el puntillo de su pandilla, como ellos llamaban al que siempre se llevaba las tortas.

—El teléfono de Hugo ¿dónde lo tienes? —preguntaba la madre en su afán de responsabilizarle de sus cosas, aunque sabía la respuesta de antemano.

—En la agenda —contestaba el crío bajando la cabeza e imprimiendo a su voz un todo de tristeza premeditado.

—Creo que igual podemos tenerlo por aquí. Voy a mirar.

Hizo como que revisaba unos papeles que tenía en una corchera donde guardaba las cosas que quería recordar y, casualmente, allí lo tenía. Siempre guardaba a mano los teléfonos de un par de compañeros de clase con los que se llevaba bien, además de tener ella una cierta relación con sus madres por la coincidencia en las entradas y salidas al colegio y los ratitos en el parque algunas tardes al salir.

—Ha habido suerte. Aquí está.

—¡Vale! Llama.

—De eso nada, vas a llamar tú que eres el que tiene que hacerlos. Además ¿quién debería haber traído la agenda y la ha olvidado una vez más?

Después de un pequeño silencio y un par de miradas entre ambos que reproducían el mismo mensaje que la conversación previa, Mario se acercó al teléfono y fue marcando uno a uno los números que su madre le iba dictando. A los pocos segundos Carmen podía adivinar la voz de la madre de Hugo que luego daba paso a la de su hijo. Comenzaban unos minutos de charla en las que Mario trasmitía información a su madre que esta copiaba con la rapidez que su hijo le contagiaba, apremiado a su vez por el interlocutor. Pasado un tiempo prudencial, colgó el auricular y se dirigieron a la habitación donde iba a tener lugar el momento que ella temía especialmente, puesto que sabía de antemano que por las asignaturas que había copiado tocaba jaleo. Esas matemáticas…

—Vamos a ver, primero nos organizamos. ¿Te parece?

—Primero hacemos estos problemas…

—Espera, vamos a pensar despacio. Vamos a apuntar en este papel todo lo que tenemos de estudiar y de escribir —decía la madre frenando el ímpetu del niño que ya quería empezar sin apenas valorar las cantidades del resto de asignaturas—

Bastó un ratito para hacer un recuento de tareas en un folio que la madre tenía preparado. Ella hacía una enorme cuadrícula, una tabla de doble entrada en la que iba apuntando todo lo que su amigo y compañero Hugo les había dictado por teléfono minutos antes. Una vez finalizada la revisión de la nota transcrita comenzaba todos los días la priorización de tareas, pero aun así antes de terminarla, Mario tenía una auténtica fijación por aquellos problemas de matemáticas. Carmen no hacía más que darle vueltas a la razón de aquella cabezonería del crío. Tal vez el haber hecho dos seguidos bien el día anterior al finalizar los deberes, aunque con algo de ayuda de su madre, le habían hecho crecerse, pero ella sabía que una vez más iba a meterse en el mismo lío de siempre al no saber qué operación debía utilizar. Por todo esto decidió convencerlo de que una vez decidido empezar por ahí a la vista del resto de tareas del día, antes era bueno entrenar un poco la suma y la resta.

—Mira hijo, antes de nada vamos a hacer como los deportistas. ¿tú sabes que hacen los jugadores de fútbol antes de los partidos?

—Claro que lo sé mami. Comer mucho para estar fuertes y ganar a los otros.

—No cariño, además de todo eso se entrenan. Corren para tener más fuerza y aguantar mucho después. Por eso debemos hacer alguna suma y alguna resta antes. ¿Te parece bien que te entrene?

—Bien, tú serás mi entrenadora ¿vale? —contestaba el niño que había entrado en el juego propuesto por la madre—

Allí, en la mesa que tenía para estudiar en su habitación, se repetía la escena de muchas tardes. Carmen sentada con Mario intentando hacer las cosas que su madre le decía bajo la atenta mirada de Laura, que había permanecido junto a ellos como una invitada de piedra. La niña miraba con esos ojazos que desde pequeña habían sido lo que más destacaba de su persona, incluso por delante de una docilidad que le hacía casi pasar desapercibida habitualmente, de no ser por los piques con su hermano que casi siempre provocaba él que era incapaz de entender por qué a ella siempre le trataban de forma tan distinta.

Vale, pero escribe mejor esos números Mario. —empezaba ya su madre con aquellos garabatos que pretendían ser dígitos para ser sumados—

—Joooooooo— decía Mario escondiendo su cabeza sobre el cuaderno, al escuchar eso ya por tercera vez.—

—Venga que te falta poco y hacemos esos dos problemas que te han puesto que seguro que los haces igual de bien que ayer. Vaaaaa…

Tras un tira y afloja, más o menos como el de cada tarde tras la merienda, se terminaban las sumas y restas, pero siempre con los mismos fallos por una falta clara de atención que a Carmen le desesperaba. No podía entender cómo siempre se le olvidaban las que llevaba de una columna a otra de aquellos números. Le hacía poner sus deditos con la cantidad correspondiente y mientras era capaz de señalar con ese trío de dedos al número al que tenía que añadirlos, olvidaba que eran tres. ¡Qué desesperación! ¡Todos los días igual! Y mejor no hablar de las restas porque entonces el lío ya era monumental. Eso de llevarse y de saber cuánto va de este al… no era para él.

—Muy bien, ya están las tres sumas y las dos restas —trataba de animar a su hijo que empezaba a reflejar el hastío ante tanto número.

—Voy a beber agua ¿vale?

—Bueno, ahora sí.

Había decidido dejarle ir a echar ese traguillo de agua porque ya era la cuarta o la quinta vez que lo intentaba, como si borrar la marca que deja el grafito al escribir cada uno de los números fuera una tarea tan dura como la de picar piedra. Le costaba una barbaridad mantenerlo sentado más de dos minutos seguidos, mientras inevitablemente miraba a la pequeña que se afanaba en pintar, sin salirse de sus bordes, un dibujo, una especie de camello que parecía cualquier cosa, pero le echaba tantas ganas, le ponía tanto interés…

—¡Qué rica estaba el agua!

—¿No habrá sido el paseo?

El niño miraba a su madre con ojos de haber sido pillado en su escondido descanso.

—Dos más dos… —intentaba la madre cazar a Mario con la guardia baja para que practicara otro poco más.

—Cuatro —contestaba el crío casi sin pensar.

—Cuatro más dos…

—Seis

—Muy bien. ¡Qué entrenamiento! Seis más dos…

—Diez —decía el niño con la misma sonrisa que las anteriores ocasiones.

—No, fíjate bien Mario. Seis más dos…

—¡Ah! No, Nueve.

La madre, para no alterar el ambiente pensando en los deberes que quedaban aún, dejaba pasar aquella ruleta de números que acaba de comenzar a hacer rodar el niño.

—Bueno. Saca los problemas y después ya descansamos.

Con sus pequeñas manos, algo gordezuelas aún para su edad, el niño volvía a manipular dentro de su cartera y por fin aparecía el cuaderno de color verde pálido donde habían tenido lugar su éxito la tarde anterior.

—Venga lee el primero. —Apremiaba la madre—

—Pedro tiene ¡anda como papá! Se llama igual.

—Sí hijo, pero venga, ahora a lo que estamos, ese Pedro será un niño —trataba de reconducir la madre que ya había leído por encima de su hijo el problema.

Volviendo la vista al cuaderno, y con el inconveniente que estaba siendo para él la comprensión verbal desde que empezó a pegarse con las letras, comenzaba a leer el problema, no sin grandes esfuerzos que se notan claramente al silabear ante la pronunciación de cada palabra.

—Pedro cuenta en una tienda 24 pelotas y Luis, que lo acompaña, ve en otra 12. ¿Cuántas han visto entre los dos? Restar.

—Pensar Mario, pensar.

—Pues sumar.

—Mariooooo. Vamos a ver.

—Mamá es que no pone de qué son.

—¿Cómo que de qué son? —decía la madre que empezaba a perderse por los vericuetos mentales en los que de vez en cuando se adentraba su hijo al hablar de problemas de matemáticas—

—No pone si son de fútbol o de baloncesto mami —contestaba el niño todo convencido—

—Eso no hace falta para nada hijo, son pelotas y ya estás, pelotas, nada más que pelotas.

—Bueno.

Tras algunas disquisiciones entre los dos, al final se consigue resolver el problema que el niño vuelve a asumir como un éxito más, al igual que el día anterior, gracias a la ayuda de su madre, especialmente al hacerle ver lo que se ha esforzado por conseguir averiguarlo.

Por fin llega otro ratito de descanso para más tarde poder encarar la siguiente parte de la tarea vespertina que debe de llevar al cole al día siguiente, y que si suele llevar casi siempre completa es por el tesón de su madre que no lo deja ni a sol ni a sombra durante el periodo que va de la merienda a la cena, incluso algún día un rato más. Esa tarde toca después una pequeña sesión de lengua sobre los artículos para terminar, no sin alguna que otra pequeña discusión con unas cuantas cosillas del cuerpo humano de conocimiento del medio, eso que en este caso su madre, aunque no lo dice en voz alta a su hijo, piensa que siempre fueron las ciencias naturales de toda la vida.

Estaba en esos pensamientos, tal vez para evadirse un rato del esfuerzo que le exigía todas las tardes apoyar a su hijo para que hiciera los deberes, y miraba con cierta tristeza a Laura a la que, por su autonomía a pesar de su edad, tenía algo abandonada en esos espacios que dedicaba a Mario. En ese instante sonaba la cerradura de la puerta y como si lo que activara la llave de la puerta fuera el cariño de aquella parejilla, los dos corrían como lanzados por un resorte.

—Papáaaaaaaaa —gritaban ambos al unísono—

En ese momento ya no se acordaban de la despedida de la mañana, e incluso tampoco de las discusiones, las sumas, las restas, los problemas o los artículos, dando la sensación de vivir otra vida, como si en la casa se hubiera dado la vuelta a la anterior como a un guante.

Andrea de Pé (12 años)

CAPÍTULO IV

Diferencias aparentemente insalvables

Ya era casi la hora de cenar. Los niños, tras el recibimiento que habían hecho a su padre fueron recogiendo sus deberes para empezar la sesión de duchas como hacían todos los días. Ambos corrían desnudos por el pasillo de la casa en dirección al baño cuando Carmen llamó a su hijo para recordarle algo que al principio de la tarde había acordado con él.

—Mario. ¿No se te olvida algo?

—No mamá, ya he hecho todos los deberes ¿no te acuerdas?

—¿Y los juguetes que dejaste extendidos por tu habitación antes de empezar a hacerlos? —le recordaba la madre que quería responsabilizar al niño en sus cosas—

—¡Joooooooooo! Luego, cuando salga de la ducha ¿vale? —intentaba una vez más retrasar algo que en realidad no quería hacer—

—De eso nada. Te lo he advertido antes de comenzar esta tarde con tu trabajo, así que vete ahora mismo a ponerte tu albornoz, lo recoges todo en su sitio y cuando hayas terminado regresas.

Mario, lejos de hacer lo que le había encargado, siguió su camino hacia el cuarto de baño. Su madre, que como todas las madres, sabía lo que iba a hacer su hijo casi incluso antes de que este lo pensara, salió al encuentro quedándose en mitad del pasillo frente a él. Mirándole con gesto serio le volvió a pedir que hiciera lo que le había ordenado, puesto que era algo que le había permitido retrasar únicamente para que pudiera empezar los deberes en su momento y terminarlos pronto.

—¿Qué te he dicho? Da media vuelta y vuelve por donde has venido.

Laura, desde la puerta del cuarto de baño, miraba con aquellos ojazos que parecían abarcarlo todo, constatando una tensión que ya en otros momentos había contemplado. No veía la cara de su madre, pero no lo necesitaba porque ya sabía cómo eran aquellas facciones que a ella no le gustaba provocar y que su hermano conseguía casi a diario. Justo en frente, unos metros más allá, sí que tenía ocasión de ver el semblante de Mario que estaba a punto de llorar, aunque la niña sabía que esos pucheros muchas veces se convertían, en cuestión de segundos, en gritos como si alguien lo tuviera embrujado. Cuando ese pequeño paréntesis en que el tiempo parecía que se había parado estaba a punto de romperse produciendo uno de los efectos que la niña tenía archivados en su pequeña memoria, una voz desde el salón, al otro lado de la casa, iba a cambiar el guion previsto, dando un giro totalmente inesperado a la situación.

—Carmen ¿por qué no dejas que el chico se duche y ya recogerá luego los juguetes? ¿Verdad que sí Mario?

—Sí, Papi. ¿Ves como a papá no le importa que los guarde luego? Es que tú no me entiendes, solo quieres que haga las cosas como a ti te gustan —contestaba el niño siendo consciente de que podía ganar una batalla que tenía perdida de antemano al comprobar el desacuerdo entre sus padres—

—A ver, vamos para tu habitación y te ayudo a recogerlo, pero eso es cosa tuya y yo simplemente te ayudo.

Madre e hijo, ambos de la mano, se dirigieron a la habitación donde ella le indicaba la mejor forma de recogerlo para que supiera que él era el responsable de hacerlo. Cuando vio que el niño había entendido el mensaje, se agachó junto a él y entre los dos terminaron de meter cada cosa en su sitio y posteriormente en el armario. Una vez conseguido el objetivo previsto permitió que fuera como su hermana a darse un remojón, no sin antes abrazarlo y darle un par de sonoros besos.

—¿Ves qué bien y qué poco te ha costado? Pero no te olvides que esto debemos hacerlo todos los días.

El niño, tras asentir con su cabecita y regalarle a su madre una amplia sonrisa, salió a toda prisa a darse el baño que hacía rato que estaba esperando, aunque Carmen no dejaba de pensar para sus adentros que al día siguiente volvería a ocurrir algo similar. ¿Cómo es posible que de un día para otro se le olviden las cosas? Con estos pensamientos salió de la habitación de Mario para dirigirse a la cocina y terminar de preparar la cena. Pero al pasar por el salón en el que estaba sentado Pedro viendo la televisión, no pudo evitar lanzarle una mirada que lo decía todo. No había olvidado la despedida por la mañana con los niños, aunque había tratado de obviarla, pero lo ocurrido minutos antes contradiciendo algo que ella estaba haciendo con el crío era algo que no tenía perdón. Siguió su camino pensando que ya habría ocasión de aclarar las cosas, probablemente cuando sus hijos se fueran a dormir, como así fue.

Tras el baño de los niños y una cena en la que cada uno contó sus aventuras del día, fueron despidiéndose para, una vez lavados los dientes, irse cada uno a dormir a su cuarto. Carmen, como de costumbre, pasó por las dos habitaciones para dar a cada uno su beso de buenas noches y taparlos. Posteriormente volvía hacia la cocina, pero al pasar por el salón donde se encontraba Pedro, que todavía permanecía sentado comiendo algo más de fruta, no pudo resistirse y fue directamente a decirle algunas cosas.

—Bueno, estarás contento ¿no?

Se hizo un pequeño silencio que pareció eterno.

—Pero ¿es que no puedes pensar antes de hablar cuando se trata de los críos? ¿Tú sabes quién se pasa un montón de horas con ellos?

—¿Ya estás otra vez con lo mismo? —contestaba Pedro como quitando importancia a lo que había pasado—

—Es que ¡todos los días igual!

—Si lo dices por lo de los juguetes, solo trataba de echarte una mano.

—Pero Pedro, para eso mejor estate quieto. ¿Cómo has podido decir lo que has dicho sin saber lo que había ocurrido antes? Aquí la que está todos los días luchando con ellos para que hagan las cosas bien soy yo. Lo que no podemos hacer es decir cada uno una cosa y que el niño, que es bastante espabilado, se aproveche de ello. ¿Es que no te das cuenta?

Así pasaba el tiempo y la discusión seguía los derroteros habituales, los que todos días hacían que cada uno se fuera a un extremo de la casa a rumiar sus desdichas. Lo peor de todo es que esto ocurría un día sí y otro también y la cosa no pintaba bien. El problema que se estaba generando a raíz del comportamiento de Mario estaba empezando a afectar más de la cuenta a la relación de la pareja, que en vez de estar unida contra las adversidades, cada día que pasaba se iba agrietando más. Solo había un factor que probablemente ninguno de los dos había tenido en cuenta. La batalla por salvar a Mario del problema que le estaba acosando no había hecho más que empezar y el camino podía ser largo, muy largo y el nivel de crispación que comenzaba a instalarse entre ambos no podía seguir así por mucho tiempo si querían llegar a buen puerto. Había que plantearse algo lo antes posible, pero no parecían encontrar ese terreno propicio donde los conflictos bipersonales empiezan a encontrar vías de solución.

Pasados unos minutos, una vez más fue Carmen la que se aproximó a Pedro con idea de acercar posturas. Ella siempre era la que trataba de suavizar todo porque él tardaba bastante en darse cuenta de su error llevado por su propia impulsividad, aunque aproximadamente desde su mayoría de edad la controlaba algo mejor, en especial en los casos que él consideraba más problemáticos como podía ser el trabajo. Nunca se había parado a pensar en lo importante que eran para su vida, pero en especial para la de su hijo cada uno de estos momentos.

—Me gustaría que supieras lo que es tarde tras tarde con los dichosos deberes. La pequeña trae cuatro cosillas todavía y a su marcha las va haciendo, pero Mario… lo de Mario es un calvario. Por eso te pido que tengas más cuidado cuando llegues y te encuentres ante una discusión como la de antes, de verdad.

—Pero ¿tanta tarea trae todos los días? —decía el padre sintiéndose un poco fuera de lugar—

—Depende, pero generalmente sí. Yo creo que es demasiado para un niño de su edad, así que para él, con lo que le cuesta centrarse en lo que hace... En cualquier caso, no es solo esto, es la nota que trajo y todo lo que esté pasando con el crío en el cole. Todo suma. Ya sé lo que vas a decir pero te repito que es todo. Tenemos que hacer algo y no pienso discutir otra vez contigo.

El padre, ante la actitud decidida de Carmen, seguía expectante valorando como un fracaso la posibilidad de volver a llevarle la contraria diciendo que su hijo era como cualquier otro y que dejando pasar el tiempo todo se solucionaría. Prefirió por tanto dejar que continuara hablando mientras la seguía escuchando.

—En primer lugar, veremos lo que dice la profesora que le puso la nota. He quedado para hablar con ella, pero luego quiero ir a su pediatra y comentarle todo esto que estamos pasando con él.

—¿Al pediatra? Pero si Mario está perfectamente. No está enfer…

—¡Basta Pedro! Yo voy a ir te guste o no, vengas o no. Nadie ha dicho que el chico esté enfermo, pero yo veo que no está bien, que algo le pasa. Yo hablo con él y al hablar del cole, de los profesores, los compañeros, el recreo… expresa miedo, ansiedad, angustia. Eso no podemos ni debemos dejarlo pasar.

—No, está bien, te acompañaré si me lo permiten en mi trabajo—contestaba el padre más por salir del apuro que por convencimiento—

Así fue como al menos, lejos de poner más trabas a su mujer, le dejaba allanado el terreno para que actuara como había querido hacerlo desde hacía ya mucho tiempo. En cualquier caso habían llegado a un punto que ella tenía ya decidido de antemano actuar aceptara él o no. Al menos había conseguido en ese momento poca resistencia. La duda que mantenía en este instante, especialmente en su corazón, era si una vez dados los pasos oportunos, hablando con las personas que creía que podían darle las pistas para poder emprender el camino correcto, él estaría a su lado, pasaría del tema o sería capaz todavía de poner impedimentos. Sin dudarlo ni un momento, Carmen decidió dar el paso definitivo hacia el principio del fin. Aquella conversación le había dado las fuerzas que necesitaba para comenzar de una vez.

Beatriz Cantero (15 años)

CAPÍTULO V

Una desilusión prevista

Pasó el tiempo establecido por la profesora y llegó la hora de la ansiada cita. Al final de un infinito pasillo, donde ya se iba apagando poco a poco el bullicio de los niños que habían salido como a presión por aquellas puertas ahora ya cerradas, se encontraba Mayte. Carmen fue acercándose a ella con una cierta aprensión. Le habían hablado mucho de aquella mujer y no demasiado bien, pues a pocos años de su jubilación nadie se podía explicar cómo podía ser tan seca y arisca con los niños. ¿Cómo en tantos años de ejercicio profesional no había sido capaz de tomarles algo de cariño a unos inocentes pequeños? Nadie lo entendía, aunque la mayoría de la gente veía en ello, además de una tremenda falta de vocación, una escasez formativa alarmante que nadie había sido capaz de atajar en tanto tiempo.

Peinado a la antigua y vestido de flores de dudoso gusto se distinguían según se iba acercando a ella, pero algo que a metros de distancia no se veía apareció ante sus ojos a escasos pasos. Se trataba de un anillo con un enorme sello, toda una negra leyenda. Los niños hablaban de ello y contaban que muchos años atrás había tenido serios problemas con él, ya que a veces cuando no sabían contestar algo en clase les daba un pequeño golpecito con él en la cabeza. Aquello le acarreó no pocos problemas que hoy habrían sido mucho peores. Eran otros tiempos.

Por fin estaba delante de aquella mujer. Gesto serio, mirada oscura y penetrante, cara de pocos amigos. Las escasas esperanzas que la madre se había forjado parecían esfumarse. Con unas buenas tardes por saludo comenzó aquella conversación que poco a poco fue por los derroteros que la profesora quería que fueran, seguramente porque no conocía otros, eran los mismos que habían viciado su carrera desde muchos años atrás.

La conversación no fue lo que puede llamarse precisamente ni amistosa ni agradable puesto que Carmen, que había ido con sus mejores intenciones y con ganas de allanar el terreno por el bien de su hijo, estableciendo unas relaciones que le parecían imprescindibles, se fue alterando al comprobar la falta de sensibilidad de aquella mujer.

—Oiga, es que he hablado con compañeras mías y su hijo ya apuntaba maneras en Infantil. Claro, luego se agudizó en primero de primaria el problema y así hasta llegar a mis manos. Creo que ustedes en casa deberían tener algo más de mano dura, así no pueden seguir o cuando este niño sea mayor van a tener graves problemas. No se imaginan lo que les espera con él en la adolescencia, o se ponen serios ya o su hijo será carne de cañón.

Carmen estaba estupefacta, si le pinchaban no saldría ni una gota de sangre, se había quedado helada. Parecía que le hablaba de otro niño, no de su Mario, un niño tremendamente inquieto pero buena persona, cariñoso y de un gran corazón. Hubo momentos en que estuvo a punto de estallar. ¿Abofetearla? no, eso sería darle razones para seguir con su perorata de insultos y descalificaciones. ¿Salir corriendo y dejarla con la palabra en la boca? También eso podía ser utilizado en su contra y más en la del niño. Solo le quedaba llorar, pero no quería que aquella mujer se diera el gusto de verla hundida y humillada. Mientras estaba ensimismada en sus pensamientos oía un rumor de fondo que seguía por donde lo había dejado.

—...Es que su conducta deja mucho que desear, no para, no trabaja. ¡Vamos! que ni hace ni deja hacer. Es una especie de terremoto. Estoy todo el día con Mario en la boca. Mario ¡siéntate! Mario ¡estate quieto! Y cuando logro que se siente de una vez, empieza a bailotear con pies y manos. No se puede controlar y yo no puedo hacer más con él, solo me queda castigarle. Al final se lo voy a tener que mandar a casa.

Carmen, desfondada tras todo lo que la profesora le había espetado a la cara sin ninguna consideración, masculló algunas palabras entre disculpa y decepción y volvió sobre sus propios pasos ante la cruda realidad que representaba aquel muro de incomprensión e incompetencia.

Mientras tornaba triste por aquel pasillo, iba dando rienda suelta a sus sollozos que iban aumentando según se acercaba a la puerta del centro, esperando el aire libre y sin viciar de la calle. Solo pensaba en su hijo en manos de aquella mujer con la que aún le quedaban varios meses de curso. Recordaba sus años escolares, donde había tenido maestras y maestros de todo tipo, desde don Rafael, aquel "don Rafa" como le gustaba que lo llamaran sus alumnos, aquel buen hombre ya fallecido que se llevaba al equipo ganador de aquella competición que duraba todo el cuso a su casa a merendar, hasta doña Rosa, aquella agria mujer que nunca les trató tan despectivamente a pesar de su carácter poco amigable. Jamás en aquel amplio abanico de profesionales encontró a nadie como la que acaba de dejar en aquel lúgubre pasillo. ¡Ni le había invitado a entrar al aula y sentarse!

Repasaba los profesores que tenían los hijos de sus amigas por lo que hablaban de ellos, del trato con sus alumnos y siempre llegaba a la conclusión que entre el profesorado había más gente dispuesta a ayudar y a comprometerse que a no hacerlo y se repetía una y otra vez... ¡también es mala pata! ¡le tenía que tocar a Mario! ¡cuándo se jubilará de una vez! ¡lástima...! y ahí paraba unos desbocados sentimientos que se le comenzaban a ir de las manos, porque ella no quería nada malo para nadie, pero tampoco para su hijo.

Estaba tomando la primera bocanada de aire fresco, dejando atrás el centro, cuando coincidió el primer estallido de lloros al doblar la esquina con la inesperada presencia de Manuel, el jefe de estudios de primaria. Habían cruzado escasamente cuatro palabras sueltas en algún encuentro ocasional pero este hombre, también ya mayor, siempre le había inspirado confianza, tal vez por ese porte tan suyo de entrañable maestro de pueblo de toda la vida. Dada la inmediatez de su presencia y el factor sorpresa no pudo disimular su estado.

—¡Hola! ¿Qué tal? ¡Vaya tonterías que pregunto! ¿Qué te pasa? ¿Les ha pasado algo a los chicos? —trató de arreglar con un giro su primera e inevitable pregunta, casi de saludo—

Tras unas cuantas lágrimas más y un par de comentarios muy superficiales sobre el origen de aquel tremendo sofocón, se secó con el pañuelo de papel que Manuel le había dado nada más verla en esas condiciones. La invitó a entrar a su despacho, no sin antes convencerla pues se resistía a volver al lugar donde tan mal lo había pasado. Además no quería volver a ver a aquella mujer que tanto dolor les había causado a ella y a su hijo, y menos aún que la viera con el jefe de estudios o entrando o saliendo de su despacho, no fuera a pensar que había ido a quejarse, porque entonces no dudaba que las represalias llegarían en forma de castigos a Mario.

Manuel abrió el pesado portón de entrada, le cedió el paso, y girando a la derecha tras saludar a Carolina, la amable chica de recepción a la que Carmen no había visto al salir antes, giraron a la derecha y se metieron ambos a su despacho, el segundo a la izquierda. Tras ellos se cerró la puerta dejando el pasillo en un silencio únicamente roto suavemente por las mujeres de la limpieza que preparaban ya el cole para que los chiquillos pudieran irrumpir en él, cargados de ilusiones y sonrisas, formando el tumulto bullicioso que se generaba cada mañana en aquel lugar.

Anaís Ramos (12 años)

CAPÍTULO VI

Un poco de aliento en el duro camino

Aquello parecía otro mundo. Nunca había pensado poder encontrarse ante dos situaciones tan diametralmente opuestas separadas simplemente por un puñado de metros y unos cuantos minutos. Pero lo que no dejaba de sorprenderle era cómo las actitudes de personas que trabajan juntas, supuestamente codo a codo todos los días y tratando de educar y sacar adelante a pequeñas criaturas, podían pensar, actuar y, en definitiva, ser tan diferentes. Solo había una idea recurrente que le venía a la cabeza después de todo aquel lío que se había montado en tan poco tiempo ¡Qué complicado es el ser humano! ¡Qué difícil hacemos todo!

El despacho no era gran cosa, únicamente la mesa parecía algo más nueva, pero con tanto papel tampoco se lucía demasiado. La luz escaseaba ya por la hora que era pero todavía se podía ver lo suficiente como para ahorrar algo de energía. En aquel ambiente empezó Manuel a preguntarle a Carmen por lo sucedido, por aquello, fuera lo que fuese que le había hecho pasar aquel mal rato. Ella, que no tenía la confianza suficiente por haber hablado en muy contadas ocasiones y de pasada con su interlocutor, comenzó a divagar un poco sobre su hijo y las circunstancias que la habían llevado aquella tarde hasta el centro.

Seguía dando vueltas a la cuestión sin atreverse a profundizar porque no sabía cómo empezar a abordar el tema que tanto le preocupaba, cuando Manuel, que ya había vivido situaciones similares de madres tan angustiadas o más que la que tenía delante, le cortó suavemente para hacerle ver que estaba tratando de ayudarla.

—Carmen, habla claro, que sé que estás deseando decir algo. Suéltalo de una vez. Si no quisiera ayudarte, no te habría hecho pasar.

Ella se vio sorprendida por un jefe de estudios que le apremiaba a soltar aquello que llevaba dentro, que le quemaba y que tenía tantas ganas como miedo a contarlo. Lo que la dolida madre no sabía era que Manuel ya intuía por dónde iban los tiros. No era la primera vez que recibía duras y sentidas quejas en el mismo sentido, lo que ocurría es que él, en cierto modo, también se encontraba en una encrucijada, en un callejón sin salida que Carmen no podía ni tan siquiera imaginar, al menos en este momento.

—Sé que tienes un problema serio. Bueno, al menos eso me parece intuir por lo que deduzco de tus palabras que, aunque no muy claras ni directas, expresan lo mal que lo estás pasando.

—La verdad es que sí.

—Venga, soy todo oídos.

Aquellas palabras del jefe de estudios la ponían en disposición de comenzar a soltar lastre. Era su oportunidad, aquel encuentro había sido algo providencial. Comenzó a explicarle todo lo sucedido, empezando por lo que ella ya llevaba tiempo observando en su hijo, tanto en casa como en el colegio, sin dejar de lado los problemas que todo ello estaba provocando incluso en la pareja. Más tarde fue directamente a la ya famosa nota para, aprovechándola como si de una pequeña cuña se tratara, introducir en la conversación hasta ese momento ágil y relajada, lo que ella veía como la clave del problema, la falta de tacto y de sensibilidad de aquella mujer que tan desagradable había sido con ella un rato antes.

Le preocupaba especialmente dar la sensación de ser una madre que se quejaba porque sí, sin argumentos, que Manuel no pensara que sobreprotegía a Mario, por eso ya se había encargado de explicarle al principio con todo lujo de detalles cómo era el niño. Ahora le tocaba a ella, a esa mujer que no era capaz de ver más allá de cada alumno a una personilla con sus propias capacidades y unas características personales inequívocamente únicas, algo clave para el desarrollo personal de cada uno de ellos y que jamás había tenido en cuenta por muchos años que había estado entre los niños.

Como madre, sabía perfectamente lo que tenía. Un hijo con una problemática que ella consideraba muy especial, a pesar de no alcanzar a saber qué era lo que realmente le estaba ocurriendo. Basándose en esta premisa le detalló algunas actuaciones en el aula que dejaban mucho que desear tratándose de una profesora con tantos años de experiencia. Era consciente de que muchas veces, cuando el resto de sus compañeros terminaba un trabajo, él apenas lo había comenzado, no leía, no escribía e incluso les molestaba o pegaba y todo el tiempo estaba llamando la atención, pero eso no justificaba en absoluto su forma de actuar. En cierta ocasión había dividido la clase en dos grupos, a un lado los "buenos" y al otro los "malos". Mario fue colocado el primero de la fila de los malos. Ese día llegó el niño a casa diciendo totalmente convencido "yo me tengo que portar mal porque soy el primero de la fila de los malos". Ese estigma le hizo mucho daño y costó mucho tiempo quitárselo de la cabeza.

Lo cierto era que volvía a reconocer una vez más que en casa también era un niño demasiado movido. Le contaba cómo por ejemplo, durante la cena, le costaba hacer que comiera sentado, era una lucha continua. Ella le había inculcado la rutina de ir a la cama siempre a la misma hora, pero muchos días eran las doce y Mario seguía bailando bajo de las sábanas, a oscuras, dando mil vueltas. Le habían puesto unos límites, más ella que su marido, pero siempre había alguien que les decía que no eran suficientes, que algo estaban haciendo mal y eso era muy duro porque se habían volcado en el niño y vivían dedicados a él.

Manuel escuchaba mientras en su cabeza bullía a la vez todo el problema que le había estado contando, porque simplemente había vuelto a despertar el problema que permanecía latente desde hacía ya muchos años, demasiados, sin que nadie se atreviera a darle solución, el fantasma que cada cierto número de meses se aparecía una vez más en forma de quejas de familias sobre el comportamiento de Mayte con los niños. Trató la disyuntiva que se había abierto ya desde que llegara esta profesora al centro, puesto que la mayoría del claustro veía el problema que se había generado por su forma de actuar, más propia del siglo anterior que del actual.

—Mira Carmen, te voy a ser sincero. Sé que como jefe de estudios tal vez no debiera decir esto, pero necesito que tengas algo de paciencia. Sí, ya sé que has tenido mucha pero es que está mujer ya está a punto de jubilarse, le quedan unos tres meses y seguramente no terminará el curso.

—¿Y después... —interrumpió la madre—

—Perdona que no te deje hablar, pero de quién estará en su lugar ni idea, si es lo que querías saber — le cortaba adelantando su respuesta a la previsible pregunta de la madre y siguiendo después con lo que estaba anteriormente.— Ya intentamos negociar alguna cosilla antes de finalizar el curso pasado para que comenzara éste haciendo otras funciones hasta que le toque jubilarse. No es lo más normal, pero lo tuyo ya se viene repitiendo con otras madres en los últimos tiempos más de lo que nos gustaría.

Carmen se temía algo así hacía mucho tiempo, y de hecho en casa lo había comentado con Pedro ya en numerosas ocasiones, pero para que el propio jefe de estudios de primaria se saltara una de las normas básicas como lo era hablar así, no solo por ser una compañera, sino más bien por contar interioridades del claustro que jamás debían salir del mismo… y precisamente a ella, a la que casi no conocía, aunque estaba segura que la tenía en buen concepto. Manuel seguía hablando como si le hubieran dado cuerda, como si llevara ya mucho tiempo teniendo ganas de sincerarse con alguien, de soltar todo lo que tanto le pesaba dentro porque sabía que lo que estaba sucediendo no era bueno para nadie.

—Yo creo que en todos los centros tenemos gente así, lo que llamamos coloquialmente entre nosotros los viejos dinosaurios. ¡Mira quién lo va a decir con mi edad!— decía sonriendo al darse cuenta que a él tampoco le quedaba mucho.

—No digas eso, sabes que tú no eres así. —le respondía con una amplia sonrisa que él en realidad esperaba—

—Aunque esté mal que yo lo diga, tienes razón, al menos trato de hacer lo mejor que puedo las cosas y si de algo me he preocupado desde que me dedico a esta profesión ha sido de formarme, que las cosas van cambiando y no veas cómo vienen estos chiquillos de hoy en día. Cada día más espabilados y a la vez, no sé por qué motivo, con más problemas de todo tipo. De todos modos estoy convencido de que este caso es algo especial, no es cuestión de edad. Yo he visto también en todos estos años, algunos maestros jóvenes, los menos, pero que no quiero ni pensar en qué harán cuando tengan la edad de Mayte porque eso de formarse…

La conversación prosiguió durante algún tiempo de modo que ambos pudieron sincerarse, llegando así a una especie de pacto no escrito por el que Manuel iba a estar al tanto, no solo de Mario, sino del grupo al que pertenecía, de manera que Mayte no pudiera seguir con esa actitud ante el grupo en el tiempo que le quedaba de profesión, ya que aunque quedaban pocos meses, podían verse metidos en problemas muy serios si lo que había pasado en este caso volvía a repetirse, algo que no era precisamente descabellado.

Antes de salir de aquella sala, Carmen pudo hacerse una pequeña recomposición mental de la situación. En el colegio, aunque de aquellas maneras, se le iba a empezar a ayudar, al menos en esos meses de transición, a la espera de que llegara alguien más profesional, una persona que supiera hacer mejor las cosas, al menos con más sensibilidad. Le preocupaba el problema de casa. Su marido seguía sin asumir lo que a Mario le ocurría. Ella tampoco lo sabía pero estaba luchando por averiguarlo. En la última conversación se ofreció a acompañarla si podía, pero ella ya sabía en aquel mismo momento que casualmente no podría, como así había sido. Las cosas entre Pedro y ella no iban nada bien a raíz de esta situación y lejos de arreglarse cada día se distanciaban más sus posturas, resintiéndose por lo tanto la vida de pareja. Habían discutido ya en demasiadas ocasiones en las últimas semanas y la cosa no pintaba nada bien. ¿Cómo no era capaz aquel hombre de asumir el problema? Recordaba Carmen en aquellas horas bajas las ilusiones forjadas durante tantos años de noviazgo, cuando soñaban con unos hijos por los que luchar, pasara lo que pasara, siempre juntos. Ahora en la distancia, todas aquellas palabras resonaban su cabeza y notaba como sus sueños se desmoronaban cual castillos de naipes. ¿Dónde quedaron aquellas bonitas palabras? ¿A qué recóndito lugar habrían ido a parar todos aquellos proyectos que siempre tuvieron el sello de una unidad indisoluble? Casi era mejor no pensar en ello si pretendía mantener las fuerzas que le permitirán seguir avanzando.

El siguiente paso a dar, que también le había comentado a Manuel, era la visita a su pediatra. Era lo próximo que tenía pensado hacer, puesto que si siempre había oído que la educación de su hijo era como una banqueta de tres patas, la familia, el colegio y el propio niño, en la que si una fallaba, se tambaleaba todo, en este momento ella pensaba muy segura de sí misma, que en este caso se trataba de una de cuatro patas, y que su pediatra Gregorio que conocía a Mario desde que nació, no podía quedar fuera de esta situación. En cualquier caso, como siempre que pensaba en la de tres, en la de cuatro, a pesar de dar la sensación de tener más estabilidad siempre sería el niño el que al final se resentiría del mal funcionamiento de cualquiera de las restantes.

Este razonamiento desarrollado en el despacho en el que ambos habían tenido aquella provechosa charla, a Manuel le pareció totalmente coherente y la animó a que siguiera por ese camino, pidiéndole que cuando hubiera hablado con el médico volviera a contarle la impresión que este tenía de lo que estaba ocurriendo con el chico. Así pues, una vez aclarados todos los puntos de los que parecía depender la situación creada y el futuro más inmediato de todos los afectados, entre los que Mario era el que más interesaba a todos, ambos se levantaron y se dispusieron a dar por finalizada la entrevista. Siguiendo la tónica que había predominado hasta ese momento acabó en la puerta del colegio. Una vez allí, Carmen tendió la mano en señal de agradecimiento para despedirse a la vez que desplegaba una relajada sonrisa, a lo que Manuel, tras darle la mano respondió con un par de besos mostrando su cercanía y la disposición a ayudarle en cuanto pudiera por el bien de su hijo y, aunque en ningún momento lo había dicho, por una maltrecha pareja que estaba sufriendo innecesariamente y de la que también dependía Laura, una pequeña que parecía estar fuera de toda esta historia, aunque eso era simplemente lo que podía parecer porque, tanto en la cabeza como en el corazón de su madre, siempre estaba presente pues había espacio suficiente también para ella. Él abrió la pesada puerta y desde dentro la invitó a salir a la calle que ya a estas horas comenzaba a quedarse algo más desierta porque los primeros fríos habían empezado a hacer acto de presencia. Ella, tras darle una vez más las gracias por su atención durante aquellos minutos, volvía a la dura y cruda realidad de su vida, donde sabía que todavía le esperaba una larga lucha, especialmente contra aquellos fantasmas que el destino le había puesto en su camino y con los que antes o después iba a terminar.

Marta Manzano (13 años)

CAPÍTULO VII

El cumpleaños de Carlitos

Aquel día terminó diferente porque cuando llegó a casa, donde la madre de Carmen que vivía a escasas manzanas de ellos se había quedado con los niños, hasta la suerte había jugado a su favor en forma de pocos deberes. Habitualmente, si lo necesitaban les echaba una mano encantada. La jornada más o menos siguió rodando como otra cualquiera, incluso cuando llegó Pedro, la charla fue más o menos relajada por la sencilla razón de que nada de su hijo se puso en cuestión al centrarse prácticamente toda ella en la fatídica profesora y la casual entrevista con Manuel, el jefe de estudios de primaria. Así pues, llego la noche y con ella el descanso para toda la familia hasta el día siguiente.

Cuando sonó el despertador a la mañana siguiente, esta vez oído como sucedía normalmente, todos los miembros de la familia se pusieron en funcionamiento, cada cual a lo suyo. Desayunos, lavado de caras y dientes, así como otras cuestiones matutinas habituales en cualquier casa. Pocos minutos después volvía a seguir imponiéndose la rutina y tras la marcha de Pedro a su trabajo, la puerta de la vivienda se cerraba saliendo por ella Carmen y los niños camino del colegio.

Tras acompañar a Mario hasta la puerta y despedir posteriormente a Laura, que con su manita no dejaba de decir adiós a su madre hasta que esta no desaparecía al dar la vuelta a la esquina de la calle, se dirigió sin perder más tiempo al centro de salud para pedir lo antes posible cita con el pediatra que correspondía a los niños, como paso siguiente en su cruzada casi personal por dar con el problema de su hijo. La consulta era a partir de las diez de la mañana y la señorita del mostrador le había dado para las diez y media, por lo que tampoco tendría que esperar demasiado. Aprovechó el margen que todavía le quedaba para ir a realizar unas cuantas compras que tenía que hacer para la comida y alguna que otra cosilla para la casa.

Aquel tiempo que se tomó para ir al supermercado del barrio más cercano al consultorio, le vino bien para reorganizarse una vez más las ideas, ya de por sí meridianamente claras, pero quería que no se le olvidara ni un detalle. Solo de pensar que atando cabos, entre lo que hablaba con unos y otros, podía encontrar por fin la solución a su jeroglífico familiar la hacía recordar la felicidad de otros momentos. Al fin se acercaba la hora. Se fue aproximando poco a poco al lugar y allí, tras saludar al pasar por delante del mostrador a la administrativa que un rato antes le había dado su cita, se dirigió a la sala correspondiente a su pediatra. Se sentó en una silla blanca algo gastada, justo frente a la puerta y esperó ensimismada en sus cosas.

Un par de manzanas más allá, en el aula de Mario, la mañana no había sido precisamente un mar en calma para la sensibilidad del niño. Estaba algo triste y su autoestima, tal vez su punto más débil había empezado a hacer aguas unos instantes después de que su madre lo dejara a la puerta del colegio.

El niño había entrado, mochila a la espalda, tranquilamente hasta que había visto a sus compañeros de clase. En ese momento había comenzado a correr hacia ellos con la mala suerte de tropezar con un balón que en ese momento alguien había dejado por allí, sin llegar a caerse, con el consiguiente ridículo movimiento a la vista de todos los niños que había a su alrededor y que había estado a punto de dar con sus huesos en el suelo.

Cuando hubo llegado al fondo del patio de recreo donde se encontraban sus compañeros de clase más habituales, notó que algo se mascullaba entre ellos, se tramaba algo y él no se atrevió a preguntar. Como Mario era un crío muy espabilado, a pesar de su forma de ser en otros momentos, no se le escapó el detalle de que el que allí manejaba el asunto, fuera lo que fuera lo que se estuviera cociendo, era Carlitos. Estaba a punto de mezclarse en el grupo cuando llamaron para subir a clase.

Uno por uno, todos los amigos fueron recogiendo las mochilas del montón en el que las habían ido echando según habían llegado un poco antes que Mario. Una vez cargaron con el peso a sus espaldas comenzaron a caminar juntos hacia la puerta que daba acceso al edificio principal. Otra vez más el niño veía que todos revoloteaban alrededor de Carlitos y él no les quitaba ojo de encima. Algo le volvió a llamar la atención. El niño que protagonizaba la situación llevaba algo en la mano, pero ¿qué era aquello? Parecían cromos, pero si fuera una nueva colección ya se habría enterado, además el color azul claro, la largura y parecían de papel. No podían ser cromos...

—Mario, siempre despistado... ¿no te puedes fijar por dónde vas? —murmuraba casualmente Mayte que había estado a punto de chocar con ella—

—Perdón, no la había visto. —contestaba todo compungido pero educadamente como siempre lo hacía el chico.—

Una vez concluido el incidente, ambos seguían su camino aunque él se había dado cuenta de que "la bruja" como le llamaban sus compañeros casi no se había dignado a escuchar su disculpa. A él no le gustaba llamarla así porque su madre siempre le había explicado que el respeto a las personas era muy importante, fueran mayores o pequeñas, aunque para sí mismo recordaba que a veces, la llamaba de ese modo cuando se encontraba con sus compañeros, porque no quería que le tacharan de raro. ¡Si se enterara mamá! —pensaba— Él quería ser uno de ellos para que fueran sus amigos, aunque amigos... no tenía muchos, o mejor si lo pensaba bien, no tenía. Porque amigos según él tenía entendido son esos de los que siempre te puedes fiar, los que nunca se ríen de ti ni en clase ni en el recreo, ni en ningún sitio, aquellos que te esperan siempre a la salida y que cuando llegas y ellos ya están el recreo te ven y sonríen. Mario tenía muy claro, ya a su edad, lo que realmente era un amigo, pero de esos, por mucho que lo pensaba, no encontraba ni uno. Tal vez el que más se aproximaba a esa idea que él tenía podría ser Jorge, que en alguna ocasión le había recordado algunos deberes que se le habían olvidado hacer a él, incluso en más de una ocasión en el patio le había dado la mitad de su bocadillo, pero recordaba que todas estas cosas siempre las hacía a escondidas, tal vez por miedo a que le vieran con él. Jorge le caía bien, incluso estaba convencido de que notaba que le tenía cierto cariño, pero amigo, amigo... no llegaba a ser. ¡Vamos! Que no tenía ni uno.

Una vez en el aula, cada uno ocupó su pupitre y comenzaron a sacar materiales necesarios para la clase de matemáticas que era la que tocaba siempre los jueves a primera hora. A pesar de llegar teóricamente más despierto a esas horas, la verdad es que no le seducía la idea de volver a machacar las restas, mucho menos ahora que la cosa se enmarañaba por aquello de llevarse, ¡qué ganas de complicar todo! Con lo fácil que empezaban a ser las que habían estado haciendo los últimos días. Ya casi las tenía pilladas. En cualquier caso, como casi todos los días, tenía el firme propósito de atender todo lo posible durante toda la mañana, aunque en su fuero interno también tenía claro que su declaración de intenciones, a pesar de echarle ganas, no duraba mucho más allá de las dos primeras restas.

Cuando por fin comenzó la clase, Mario respiró tranquilo al comprobar que su nombre no había sido el elegido por la profesora para corregir la primera resta en la pizarra. Le había tocado a Cristian. ¡Qué alivio! Inmediatamente comenzó a prestar atención para comprobar que la cuenta que había hecho la tarde anterior en casa estaba correcta. Ese mismo momento detectó cómo por lo bajo un cuchicheo requería su atención. No tardó en comprobar que lo que había visto nada más llegar al patio por la mañana volvía a ponerse en marcha y ¡cómo no! Carlitos estaba en medio del jaleo. Observaba, trataba de enterarse de qué iba todo aquello, mientras que a la vez intentaba no perderse lo que se cocía en la pizarra, aunque él mismo se daba cuenta de que cada vez estaba más lejos de la explicación y de la pizarra, aunque tampoco conseguía adentrarse en lo que estaba ocurriendo entre sus compañeros.

Aquello era un auténtico hervidero de comentarios que iban y venían entre unos y otros, incluso Jorge, al que podía considerar lo más próximo a un amigo suyo, también se encontraba en el tumulto. Le parecía increíble que Mayte, la profesora, no se estuviera dando cuenta de todo lo que ocurría en el subsuelo de aquellas restas, porque estaban implicados la mayoría de los chicos de la clase. Únicamente Gustavo y él, además de casi todas las chicas, habían quedado fuera de juego, algo que le comenzó a dar pistas de lo que allí empezaba a ocurrir. Gustavo era un niño que jamás se metía con nadie ya que casi todos los profesores estaban de acuerdo en tenerlo al final de la clase porque no se enteraba de nada y todos decían que era vago y que poco más se podía hacer por él. Mario alguna vez había intentado acercarse a él y le había parecido un chaval muy normal que de tonto tenía poco. Una vez él mismo le había dicho que prefería que le tomasen por vago a que creyesen que era tonto, que su problema real era que le costaba mucho entender las explicaciones por la rapidez con que explicaban los profesores.

De repente pudo comprobar cómo muchos, casi la mayoría de sus compañeros empezaban a recibir unos papelitos de aquellos de color azul claro que él había visto por la mañana cuando habían tocado para subir a clase. Pasaban de mano en mano, de mesa en mesa, pero todos procedían de aquel pequeño taco que había visto que llevaba en la mano Carlitos y que por tanto él estaba repartiendo. Aunque empezó a pensar de qué podía tratarse, siguió haciendo lo posible por enterarse. Estaba como un mero observador aquel ir y venir de papeles que tenía desde hacía ya minutos la clase patas arriba, cuando se le ocurrió ya decididamente preguntar a Iván, su compañero de la derecha.

—Psssss, Psssss

En ese mismo momento, una voz interrumpió su incipiente investigación.

—Mario ¿cuántas nos llevábamos? —era Mayte, intentado demostrarle a Mario que una vez más estaba despistado.

—Tres. —respondía el chico más por probar que por convicción, pues no tenía la menor idea desde hacía ya unos minutos de qué iba la cosa, habiendo defraudado a su propia declaración de intenciones al comenzar.

—Haz el favor de salir de clase inmediatamente. —Le ordenaba la profesora con un tono de voz implacable y humillante, tantas veces sufrido.

Sin levantar la mirada del suelo, sus ojos, siguiendo el rastro de mochilas, zapatos y zapatillas de deporte, dirigiendo sus pasos hacia una puerta que de haber tenido vida y en ella algo de memoria, se habría abierto de par en par al ver acercarse al alumno que en el tiempo que iba de curso más veces la había atravesado a mitad de una clase. Tomando con su mano derecha la manivela la giró lentamente y salió una vez más al frío y silencioso pasillo en el que pasó prácticamente tres cuartos de hora hasta que la profesora dio por finalizada la clase de matemáticas. Durante todo ese tiempo se mantuvo de pie y apoyado ligeramente en la pared, de manera que si salía la profesora para ver cómo estaba, pudiera encontrarlo en una postura que ella llamaba adecuada. El niño, que de existir un medidor de autoestima habría marcado varios grados bajo cero, no olvidaba cómo en una de las últimas salidas suyas a un espacio que conocía mejor que el aula, se le había ocurrido la brillante idea de sentarse en el suelo apoyado en la pared y con las piernas encogidas y abrazadas por sus brazos. La profesora, que siempre se olvidaba de él desde el momento en que desaparecía de su vista tras cerrarse la puerta del aula, en aquella ocasión nadie sabe por qué, tuvo la ocurrencia de salir supuestamente para comprobar que Mario estaba tranquilo y que no hacía ninguna fechoría, en un lugar en el que no había absolutamente nadie y en cuanto a objetos, ni un triste banco donde sentarse. Al encontrarlo en aquella postura, en la que solo pudo haberlo visto unas escasas milésimas de segundos, al levantarse de un respingo al observar cómo se abría la puerta, le costó una semana sin recreo y la amenaza de que si volviera a repetirse, además copiaría en aquellos períodos de descanso para sus compañeros una frase que no olvidaría en las siguientes ocasiones en que habitara el pasillo.

Mientras pasaba el tiempo en aquel eterno silencio, daba vueltas a lo ocurrido con la mentalidad que solo sabe dárselas un niño de su edad, intentando hacerse idea de la maldad de su acción, en realidad de sus muchas acciones porque casi cualquier cosa que hacía en el aula era un claro pasaporte a la soledad que ahora él abrazaba y en la que ya estaba acostumbrándose a estar. Él, por muchas vueltas que le daba no sabía qué hacía mal, más aún cuando recordaba el ambiente de la clase en los últimos minutos antes de su salida, aquel ir y venir de papelitos azules… pero ¿qué serían?

En aquel momento, unos pasos le sacaron de su mundo. Eran dos señoras del servicio de limpieza que tenía el colegio y que volvían de la cafetería en su tiempo de descanso.

—¡Hola chaval! Siempre haciendo guardia, que no se te escape nadie —le espetaba sonriendo al pasar con cierto tono jocoso que al chico le sabía a deprecio.

Él agachó la cabeza como tratando de hacerse invisible mientras un par de lagrimones corrían silenciosos por sus mejillas como muestra de su dolor, de su incomprensión. Mientras se alejaban, pudo escuchar afinando su oído cómo la otra mujer, reprendía a la que había dicho aquellas palabras.

—Te has pasao con el chiquillo. A ese pobre crío todos los días lo tiene esa mujer en el pasillo.

—Pues, por algo será. No le dejará dar la clase.

—No seas así. No es normal que siempre lo eche. O esa mujer es un cardo o el chico tiene algún problema.

—¿La bruja un cardo? —preguntaba mientras sonreía con ironía, pues todo el mundo hablaba mal de ella por su carácter y el trato poco amable que tenía también con el personal del centro— Lo dirás tú, y soltaba una pequeña carcajada que a pesar de ser en voz baja resonaba por el pasillo con un suave eco.

—Yo un día estuve hablando con el chiquillo y me dio pena. Al dirigirme a él con cariño, rompió a llorar. A mí no me pareció que fuera mal chaval. Algo le pasa.

Al doblar la esquina del pasillo ya la conversación difícil de escuchar, se convirtió en imperceptible. En ese momento el chasquido de la cerradura de la puerta del aula al abrirse le devolvió a su cruda realidad. Por fin le llamaban. Era Chema, el delegado de curso.

—Que dice la seño que ya puedes entrar. —Le decía casi sin mirarle y con un aire de superioridad que todavía lo hundía más.

Mario, cabizbajo, volvió a entrar y a tomar asiento en su pupitre mientras resonaban las palabras de la segunda mujer. Alguien en aquel lugar se preocupaba por él. Una leve sonrisilla escapó de la comisura de sus labios infantiles, aunque a medio esconder porque como aquella maestra que estaba tan pendiente de cada uno de sus gestos la malinterpretara, le volvería a mandar salir del aula. Luego venía Pepe y en Educación Física se lo pasaba mejor porque él era más agradable que Mayte y porque podía moverse mucho más. Pasar de los grilletes de la bruja —si lo oyera mamá— a las carreras de Pepe, era como cambiar de vida.

Mientras se producía el cambio de profesores trató de enterarse del lío de los papeles azules que tanto daño le habían causado aquella mañana. En esos segundos de cambio de poderes en la puerta de la clase aprovechó para preguntar a Carmelo, que se sentaba cerca y llevaba uno de ellos, pero no obtuvo respuesta porque estaba hablando de lo mismo con Emilio. A pesar de no obtener respuesta creyó entender que hablaban de fiesta. Ya lo tenía, se traba del cumpleaños de Carlitos. Ahora lo empezaba a entender todo. Estaba tratando de que Mario no se enterara una vez más. Aquello eran las invitaciones de cumpleaños y por eso lo evitaban constantemente.

El profesor de Educación física pidió un momento de silencio para explicarles lo que iban a hacer en el patio unos minutos después, pero primero debían entender las cosas porque si no, no sabrían qué hacer. La acústica de la clase era mejor que el patio para explicar todo aquello que iban a desarrollar. Pero el niño seguía con su problema, más ahora que ya sabía que se trataba una vez más de dejarlo de lado. ¿Por qué nadie quería invitarle? Él también quería que fueran al suyo y excepto Jorge, todos los demás el año anterior habían encontrado excusas, algunas poco creíbles, pero excusas al fin y al cabo. Estaba en sus devaneos mentales cuando comprobó que otra vez el trasfondo de la clase comenzaba a moverse exactamente igual que con la profesora anterior. Él que había estado callado volvió a probar suerte.

—Psssss, Psssss.

Otra vez una voz volvía a interponerse en sus intenciones.

—Mario, por favor, sal un momento y me esperas fuera que ahora mismo hablaremos los dos. — le ordenaba el profesor sin el gesto de dureza que había visto en la otra profesora en sus múltiples expulsiones del aula—

Mario, como ya había hecho en tantas ocasiones, se levantó y sin rechistar salió del aula entre las miradas del resto de niños por su reincidencia que, entre medias sonrisas y alguna mueca burlona lo acompañaban hacia su nuevo destierro, sintiendo como en cada paso hacia la puerta iba dejando por el camino restos de su ya maltrecha autoestima.

Una vez más la soledad del expulsado del aula con el silencio de aquel amplio y triste pasillo como único compañero. Estaba dando vueltas Mario a todo lo que se le venía encima a partir de ese momento, otra vez un sermón del profesor al final de la clase, las ya gastadas burlas de muchos de sus compañeros y, por si fuera poco, la consabida nota para casa, cuando sin haber pasado ni dos minutos del momento en que le habían hecho salir del aula, se abrió la puerta y apareció el profesor. Mario instintivamente se asustó porque pensaba que salía para reprocharle algo que acaba de hacer y él estaba totalmente seguro de que no había hecho nada malo, pero por si acaso trató de defenderse.

—¡¡¡Pero si ahora no he hecho nada!!! —Decía asustado—

—Tranquilo Mario, ya lo sé. Te he pedido que salieras de clase simplemente un par de minutos porque quería hablar contigo en privado. —Le decía en un tono conciliador consiguiendo que el niño se relajara—

—Sí —contestaba el chiquillo, asintiendo con la cabeza puesto que sabía que así era.

—Tú sabes que yo nunca echo a nadie de clase, a mí me pagan por teneros dentro y por ayudaros si tenéis problemas, y creo que tú tienes alguno.

—No sé —contestaba el alumno algo perdido— Como a mí me echan siempre, ya estoy acostumbrado.

Ambos estuvieron durante dos o tres minutos más con la charla, porque lo que no quería Pepe era que el resto de los niños pudieran escuchar lo que él tenía que decirle, ya que siempre le habían enseñado que a sus alumnos debía hablarles en privado cuando fuera un asunto personal, y en este caso lo era. Quedaron en hablar más tarde al final de la clase previa al recreo. Además, estando a mitad y esperando para bajar al patio tampoco podía abandonar al grupo por más tiempo. Este atisbo de conversación simplemente sirvió como preludio a una de más calado que el adulto quería tener con el pequeño porque veía que algo le ocurría y trataba de ver cómo podía echarle una mano. El profesor abrió la puerta del aula e invitó al alumno a entrar en ella para proseguir la clase. Este entró ante la extraña mirada de todos, que se miraban unos a otros, con una media sonrisa que seguramente solo él entendía puesto que gracias a las palabras que había escuchado su autoestima había vuelto a recuperarse algunos puntos.

Gabriel Galán (9 años)

CAPÍTULO VIII

En busca de la solución inmediata

Pasaban ocho minutos de las diez y media de la mañana cuando Carmen oyó, por el altavoz que había en la sala de espera del centro de salud, una voz que la llamaba. Por fin había llegado el momento en que podría contarle a Gregorio todo aquello que llevaba organizando en su cabeza para evitar que se le olvidara algún detalle importante. Se despidió de una anciana que acompañaba a su nieto y estaba sentada junto a ella desde no hacía mucho tiempo contándole sus penas con una hija y los problemas que tenía todos los meses con su paga, a lo que Carmen más metida en sus cosas, asentía continuamente intentando poner mientras tanto cara de interés como si estuviera realmente preocupada por las contrariedades de la señora. Apresurándose hacia la puerta de la consulta, empujó suavemente de ella hacia adentro y allí, como siempre, se encontraba el pediatra de sus hijos que le invitaba gentilmente a tomar asiento.

Estaba por fin cara a cara con la persona que ella creía que le podría ayudar a solucionar su problema. Gregorio había sido el pediatra de Mario desde que nació y también se encargaba como es lógico de la pequeña Laura, por lo que en esos siete años habían tenido la posibilidad de conocerse bastante bien para encarar la entrevista con toda la confianza del mundo. Además, lo más importante de todo era que después de ellos nadie como su pediatra conocía mejor al hijo que estaba dando todos aquellos quebraderos de cabeza. De lo que ninguno de los dos era consciente era de que en aquellos mismos instantes el niño en el colegio lo estaba pasando mal por todo el lío de los papelitos azules del cumpleaños de Carlitos. Ambos comenzaron a dialogar tras los saludos de rigor.

Carmen le expuso a Gregorio su problema, aunque más bien parecía que le estaba transmitiendo su angustia, a pesar de hablar con la tranquilidad y la confianza que daban los años de trato. Ella le habló de su no parar, de esa impulsividad que tenía que tanto le recordaba a su marido y de todos los problemas que provocaba allá donde lo llevaba, pero especialmente en el colegio, y donde su rendimiento escolar estaba empezando a resentirse, aunque lo que realmente preocupaba a Carmen no era exactamente eso sino los problemas de relación que estaba teniendo y que cada día iban a más.

El pediatra asentía y escuchaba a la madre. Le dejaba hablar, no solo por conocer mejor los últimos acontecimientos de la vida del niño, sino también porque veía en la madre a una mujer muy angustiada con una necesidad imperiosa de que alguien la escuchara. De vez en cuando simplemente parafraseaba alguna de las cosas que ella decía o simplemente reforzaba con breves comentarios o hacía pequeñas acotaciones a sus palabras. Cuando ya comprobó que la madre había terminado de contar todo lo que quería decirle fue cuando él pudo darle realmente su opinión.

—Bueno Carmen, después de todo lo que me has contado creo que cada vez voy teniendo más claro que tu hijo puede ser que tenga esa hiperactividad que tú dices, que has llegado a deducir atando cabos con todo lo que te han dicho, has observado y leído. Más aún si tenemos en cuenta que su padre siempre ha tenido esa impulsividad de la que me has hablado. En cualquier caso, no debes asustarte, porque es algo muy habitual entre los niños y todo eso se puede ir solucionando.

—La verdad es que no sé si quedarme tranquila con lo que me has dicho o no, pero como tú lo conoces muy bien desde que nació voy a tratar de hacerlo. De todos modos como dices que ya sabes lo que tiene, supongo que me irás diciendo lo que tengo que hacer y ya la cosa empezará a cambiar.

Llegados a este punto, el pediatra se dio cuenta de que, como ya le había ocurrido en multitud de ocasiones con otras madres, Carmen también creía que simplemente con algunas pautas que él le iba a dar para mejorar su comportamiento y poco más ya estaría todo prácticamente solucionado, como cuando en otras visitas le había detectado un dolor de oído o algún catarro. Ahora estaba la parte más complicada para él, puesto que debía hacerle comprender que ese problema, que no era nada grave, a la vez no tenía una solución ni definitiva ni inmediata, sino que se encontraban en este momento ante el principio de un camino largo, muy largo y que solo con la ayuda de todos podría hacer de Mario un niño, e incluso más adelante un adulto, feliz.

—Para empezar creo que debes estar tranquila porque no se trata de nada grave. Hoy en día muchos niños, como te acabo de decir, tienen el mismo problema que tu hijo. El trastorno por déficit de atención con hiperactividad no es algo nuevo, aunque en los últimos años haya gente que crea que es algo que cuatro locos hemos puesto de moda, puesto que este trastorno se conoce desde la mitad del siglo XIX aunque lo empezaron a definir más claramente en 1902, concretamente el doctor Still. Luego han ido cambiando su nombre y tal vez perfilando un poco alguna de sus características hasta nuestros días.

Carmen escuchaba atentamente a Gregorio, aunque este no estaba consiguiendo probablemente tranquilizarla que era lo que pretendía, sino más bien todo lo contrario. La lógica impaciencia de la madre al escuchar la palabra trastorno, el nombre del mismo, y los datos con los que su interlocutor quería hacerle comprender que era algo conocido desde hacía muchos años, lejos de lograr su objetivo la estaban angustiando mucho más de lo que estaba al llegar a la consulta, a pesar de decirle que en todo este tiempo algo se había avanzado para llegar a una posible vía de solución,

—Me estás asustando Gregorio. Es que todo eso que...

—Vamos a ver, déjame terminar porque solo quería transmitirte que lo que tiene tu hijo lo tienen muchos niños más, que se conoce hace mucho tiempo y que tiene solución, además de ser un trastorno, por mucho que sea ese el nombre, no es nada grave.

—Vale, perdona, es que no te imaginas la angustia que tengo con este tema desde hace ya mucho tiempo y quiero de una vez empezar a ver a Mario más centrado de lo que está, tanto en el colegio, como en casa, en el parque o donde sea porque no hay día que no termine provocando algún jaleo, metiéndose en alguno o cargándose los que se hacen a su alrededor en muchas ocasiones sin tener ninguna culpa. Pero bueno, como veo que sabes de qué se trata supongo que a partir de ahora ya podemos empezar a darle solución al asunto.

Debido a la angustia y ansiedad que presentaban las madres cuando se encontraban ante él en estos casos, a Gregorio le costaba contarles en qué consistía este trastorno. Hacerles ver que era simplemente el principio de un camino que iba a durar bastante más tiempo del que a ellas les gustaría. Porque para empezar habría que llegar a un diagnóstico muy claro y eso no iba a ser cosa de dos días.

—Bueno escúchame y no te pongas nerviosa. Trata de relajarte y verás que en cuanto te cuente todo te darás cuenta de que es más fácil de lo que pensabas. Lo que sí quiero que tengas claro desde el principio es que es un proceso largo y que hoy simplemente vamos a iniciarlo. Lo primero que tenemos que hacer, para estar seguros de que tiene lo que te he dicho, es descartar cualquier problema que tenga el niño y que no le permita atender, como por ejemplo algo de oído, vista, etc. Yo lo conozco hace muchos años y estoy prácticamente seguro de que no los tiene, pero vamos a hacer las cosas bien. Lo mandaremos a los especialistas que corresponda para que descarten todo esto.

—Pero eso va a costar tiempo —decía la madre, dejando entrever su angustia una vez más.

—Eso es Carmen, eso es lo que llevo intentando decirte desde el principio suavemente, pero es que debemos hacerlo así. Porque luego según lo que nos digan, trataremos de hacer un diagnóstico diferencial lo más exacto posible y veremos si yo mismo sigo o es mejor que el seguimiento lo hagan el neurólogo o el psiquiatra.

La madre, ante el aluvión de información que estaba recibiendo en tan poco tiempo, se mostraba cada vez más angustiada. Ella confiaba en el pediatra y por una parte si él mismo decía que no era nada grave, es que no lo era, pero entre las palabras que empleaba, algunas más o menos técnicas, a pesar del esfuerzo que hacía por explicar todo de la forma más sencilla, y ahora aparecer profesionales como el neurólogo o el psiquiatra y que su hijo probablemente podría necesitar, el vello se le empezaba a erizar.

Confiaba ciegamente en su pediatra, como siempre lo había hecho, pero no lo veía nada claro y eso le preocupaba. Además, en todo este tiempo de la consulta al estar tan centrada en la explicación que le estaba dando Gregorio, no se había acordado y ahora le venía a la cabeza cómo explicarle a Pedro, su marido, todo lo que a ella le estaba costando tanto tiempo asimilar. Tenía ante sí un auténtico muro de hormigón, incluso diría que en este momento que empezaba a saber ya algo más de lo que le ocurría a su hijo, se encontraba todavía algo más perdida en el laberinto en el que ya se había metido hacia tiempo.

Estaba en estos laberintos mentales cuando Gregorio continuó, pensando en futuros momentos que podrían llegar, hablándole de nuevas complicaciones con las que pueden encontrarse. Una de ellas, como también les ocurría a la mayoría de las madres que se encontraban ante él en esta situación, era explicarles que probablemente una vez diagnosticado habría que iniciar una serie de tratamientos y que, según se viera en ese momento, además de un tratamiento psicoeducativo podría ser necesario darle algo de medicación.

El pediatra siempre se encontraba en la misma tesitura. Unos padres, aunque a la consulta curiosamente casi siempre iban las madres, que se negaban a dar una medicación por mucho que unos especialistas, entre los que se incluía él, al que conocían de toda la vida se lo indicaran. Así pues, como si del guión tantas veces seguido se tratara, Carmen puso el grito en el cielo al escuchar la palabra medicación. Gregorio para tranquilizarla le explicó que simplemente era una de tantas posibilidades y que en su momento ya lo valorarían, aunque él sabía que en la mayoría de los casos era muy aconsejable porque los resultados obtenidos así lo aconsejaban.

Como ya eran muchos años de encontrarse con la misma situación, que parecía repetirse una y otra vez, él sabía lo que ocurría en estos casos. En primer lugar, como había ocurrido en este momento, la madre se alarmaba, alarmando posteriormente al padre al ir a casa y comentarlo. En bastantes casos, ambos de común acuerdo tras valorar la información médica, además de la proporcionada por otros padres y otras fuentes como amigos, Internet, etc. a la que también daban mucha importancia, terminaban por aceptar lo que sus médicos les habían aconsejado. Pero también se daban otros casos en los que no aceptaban en un primer momento y que luego, incluso años después, al ver que su hijo lejos de mejorar, había seguido empeorando y al comprobar que otros compañeros o hijos de algunos amigos tras ser medicados habían seguido otra evolución mucho más positiva, habían decidido reconsiderar su postura. Normalmente en estos casos le recordaban al pediatra o, si ya habían superado la edad de acudir a él, a su médico de cabecera, el error que habían cometido al darse cuenta del tiempo perdido y que en muchos casos el fracaso escolar había sido ya tan continuado que a nivel académico poco se podía hacer ya. El facultativo en estas situaciones siempre hacía ver a los padres que de nada serviría lamentarse ni culparse de una situación que ya no tenía vuelta atrás, puesto que en su momento se había tomado una decisión supuestamente sopesando pros y contras y ahora se encontraban en otro momento en el que tenían otra vez la oportunidad de dar otra orientación al futuro de su hijo.

La consulta terminó y tras despedirse Carmen pudo comprobar cómo Gregorio le había dedicado mucho más tiempo de lo que solía ser habitual. Al salir a la sala donde el resto de las personas esperaban su turno pudo comprobarlo al notar cómo todas las miradas se dirigían hacia ella nada más salir por aquella puerta, incluso la anciana con la que antes había estado sentada y escuchándola un buen rato vio que la miraba de otra manera totalmente distinta que antes de entrar. Antes de salir a la calle pasó por el mostrador al que se dirigían las personas que iban a solicitar algún tipo de citación. Se puso en la fila de la izquierda al ver que se señalaba en un pequeño cartel escrito a mano con rotulador rojo, que era allí donde se solicitaban las citaciones para otros especialistas. Sin demasiado entusiasmo puso en manos de la joven el papel que minutos antes había firmado el pediatra para que comenzaran a hacerle a Mario las primeras pruebas en las que según él se descartarían todas aquellas cuestiones que le había dicho. Al momento, tras meter los datos correspondientes en el ordenador, le entregó su nueva citación, a lo que Carmen dio las gracias casi mecánicamente para marcharse directamente a casa.

Lo primero que hizo tras pasar aquella puerta de cristal para salir a la calle, por la que un rato antes había entrado con una gran ilusión, fue parar en seco y hacer una gran inspiración por su nariz intentando llenar sus pulmones de aire, para quitarse de encima la sensación de ahogo que la perseguía desde hacía tiempo. En ese momento, tras la conversación con su pediatra y a pesar de que él había intentado explicarle todo muy bien para tranquilizarla había conseguido todo lo contrario. Estaba convencida de que como casi siempre tendría razón, y cuando fuera capaz de digerir y asimilar cuanto había escuchado, si conseguía poner todas sus ideas en orden y lograba ver en la distancia una estrategia de futuro en la que su hijo fuera a salir beneficiado, todo empezaría a cambiar, pero en aquel instante todo aquello le parecía ciencia-ficción, no entendía por qué le tenía que pasar a ella. Sí, Gregorio le había repetido en varias ocasiones que eso actualmente les ocurría a muchos niños, pero muchos niños no eran todos y por eso se preguntaba por qué le había tenido que tocar al suyo.

Así, como anestesiada de la vida real, fue paseando hasta llegar a su casa sin casi darse cuenta de la gente con la que se cruzaba su paso. Sacó las llaves del bolso y tras dar las tres vueltas a la cerradura se adentró en el silencio de su hogar. Notó cómo las lágrimas seguían luchando por escapar desde que había salido del consultorio y a pesar de ser de lágrima fácil procuró evitarlo. Se dirigió a su dormitorio para cambiarse, pues aunque la mañana ya estaba muy avanzada, todavía le quedaba algo de tiempo para seguir recogiendo algunas cosas por la casa mientras iba preparando la comida para después salir a buscar a los niños. Nada más entrar dejó su bolso encima de la cama y al sentarse para descalzarse, no pudo evitar ya más que las lágrimas comenzarán a fluir con rapidez. Se tumbó bocabajo y lloró amargamente.

Cuando se le pasó el sofocón inicial, miró de reojo el despertador de la mesilla de noche, aquel que días atrás no habían oído y pudo comprobar que tenía que darse prisa para poder hacer las cuatro cosas que se había propuesto al llegar. Fue a la cocina, puso al fuego una cacerola con agua para que se fuera calentado y después, teléfono en mano, mientras iba haciendo algunas de las cosas que tenía pendientes, empezó a hablar con su cuñada para ponerla al día de las nuevas noticias tras la consulta con el pediatra. Eva notó que su voz reflejada una vez más la angustia, aderezada en esta ocasión por la decepción de no poder dar solución inmediata a su problema y trató de ver la forma de llegarle.

—Carmen, entiendo cómo te tienes que sentir y sé que no hago nada pidiendo que te relajes, pero me gustaría ayudarte. Ya sé, quédate tranquila en casa haciendo lo que tengas que hacer que voy a buscar a los niños y te los llevó. ¿Te parece?

—Gracias Eva, cuánto me reconforta saber que siempre estás ahí, pero si no te importa casi preferiría que pases a buscarme y vamos los dos juntas. Me vendrá bien hablar un rato. Así me desahogo.

De este modo, no habían pasado todavía ni diez minutos, cuando sonó el timbre. Era Eva que llamaba desde la calle para que le abriera. No había esperado, a pesar de que faltaba poco tiempo para ir a buscar los niños. Si necesitaba hablar con ella había preferido llegar lo antes posible para evitar que Carmen estuviera más tiempo dándole vueltas a la cabeza. ¡Si la conocía ella bien!

Subió y, tras cerrar la puerta, se le abrazó y rompió a llorar una vez más. Cuando consiguió serenarse, ambas en la cocina, se prepararon un cortado y se sentaron a tomarlo mientras charlaban. Estuvo escuchando atentamente a su cuñada todo lo de la consulta hasta que se hizo la hora de salir. Por la calle siguieron su charla, con lo que Carmen se iba encontrando, dentro de lo mal que estaba, algo mejor.

Al llegar a la valla del patio de recreo todo era tranquilidad en su interior ya que no había salido ni un solo niño, algo que contrastaba con el exterior donde un buen puñado de madres iban llegando y comenzaban a hablar entre ellas, notando cómo iba creciendo un cierto bullicio. Primero salió Laura que al ver a su tía junto a su madre desplegó una amplia sonrisa y fue corriendo para echarse en sus brazos y llenarla de besos. Pocos minutos después salía Mario y se acercaba lentamente a ellas, mientras el resto de los niños salía a toda prisa, especialmente un grupo de ellos que parecían más contentos que el resto y que se mostraban una cierta complicidad. Todos ellos según iban llegando a donde estaban sus madres, les enseñaban un pequeño papelito azul claro.

Eva, al ver a su sobrino se acercó para abrazarlo y a pesar de ser muy cariñoso, le costó más de lo habitual arrancarle dos besos, más bien se los dio ella. Notó que algo había vuelto pasar. Miró a Carmen y aquella cara de preocupación que tantas otras veces había visto le confirmó que estaba en lo cierto.

—¿Qué tal te ha ido en el cole esta mañana Mario? —Preguntaba la tía intentando que el niño dijera algo que les diera una pequeña pista si es que algo había sucedido—

—Bien —contestó el niño para evitar más preguntas—

Ante lo evidente, ni la madre ni la tía preguntaron nada más. Conocían al niño y sabían que a la larga la insistencia en ese tipo de situaciones nunca había dado un buen resultado con él fuese lo que fuese. La vuelta hacia casa fue peor que la ida, pues si antes Eva había tratado de consolar un poco a su cuñada, tratando de sacarla de su hundimiento, en este momento se daba cuenta de que otra vez había vuelto a caer porque Mario, un niño que todos los días volvía a casa correteando, dando patadas a todo que se encontraba por el suelo y subiéndose por los sitios más inverosímiles, hoy caminaba sin hablar prácticamente y cabizbajo. Algo había ocurrido, pero no soltaba prenda. Carmen sabía que en casa dentro de un rato cuando estuvieran solos no tardaría en contarlo y en ese momento ella se encontraría sola una vez más, porque su marido todavía no habría llegado a comer, aunque lo pensaba y se preguntaba si no sería mejor así.

Óscar Abadía (12 años)

CAPÍTULO IX

Tratando de conseguir un aliado incondicional

Llegaron a casa y cada uno de los niños fue directamente a su habitación a guardar sus mochilas como los tenía acostumbrados, aunque a Mario había que recordárselo de vez en cuando. Poco después, tal y como Carmen esperaba ¡cómo conocía a su hijo! apareció el niño por la cocina donde ella daba los últimos toques a la comida. Merodeaba en silencio cabizbajo. Esperaba que su madre, como solía hacer siempre que le pasaba algo, le preguntara y, como si de un gancho se tratara, le sacara con el menor dolor posible todo aquello que le apesadumbraba después de haber pasado una mañana desastrosa.

—¡Qué callado estás Mario! —Preguntaba la madre intentando que el niño empezara a soltarse—

—Es que... —empezaba pero sin llegar a decir nada—

—Venga hijo mío que ya nos conocemos. Algo te ha pasado esta mañana en el colegio, sabes que no puedes ocultarme nada durante mucho tiempo y que mamá está aquí siempre para ayudarte.

Ante las palabras que la madre acababa de pronunciar, seguramente las que él esperaba como ese bálsamo que siempre le relajaba, poco a poco fue contándole todo lo que le había ocurrido desde que ella lo había dejado por la mañana en la puerta del recreo. Lo del cumpleaños de Carlitos, el vacío de sus compañeros y las expulsiones que había sufrido, eso sí, aclarando la diferencia entre la actitud de los dos profesores que le habían hecho salir del aula en momentos determinados. Mario, a pesar de ser un niño todavía, distinguía perfectamente las diferentes formas de tratarle que tenían los adultos. Tenía muy claro que mientras una actitud negativa le hundía en una miseria absoluta cada vez más, cualquier actitud positiva por pequeña que fuera, multiplicaba por diez como mínimo sus ganas de hacer las cosas mejor potenciando su siempre maltrecha autoestima.

La expresión de la madre, como era lógico después de tantas experiencias negativas vividas alrededor de su hijo, iba tomando todos los matices posibles que puede tomar la negatividad en el rostro humano, no tanto por lo que el niño le explicaba y que tantas veces había escuchado, si no por volver a encontrarse una vez más en un callejón sin salida, ante un hijo que se desmoronaba moralmente y que ella se veía incapaz de animar más de lo que ya lo hacía. Necesitaba ayuda, se ahogaba por momentos y sabía que aunque el llanto le ayudaba a descargar alguna tensión, ya no era suficiente porque comprendía que de no actuar rápidamente cada día iba a verse en peor situación y con menos posibilidades de salir adelante. El tiempo corría en su contra haciendo que el pronóstico fuera cada vez más incierto.

A pesar de todo lo que había escuchado, sabía que en este momento lo más importante para el niño, como ya había ocurrido en múltiples ocasiones, era que levantara la cabeza para poder seguir adelante. Tras hacerle comprender que sus compañeros estaban equivocados, pues habitualmente jugaban con él siempre en el recreo, si no todos la mayoría, aprovechó para hacerle ver que debía mejorar su actitud y su comportamiento de ahora en adelante, explicándole que en realidad eran cuestiones muy concretas porque él era un buen niño, con un gran corazón y siempre dispuesto a echar una mano a quien lo necesitara. Ese genio suyo cuando se enfadaba y esa impulsividad probablemente eran los responsables de que muchas veces los adultos, los padres de sus compañeros, fueran los que realmente estuvieran tras las decisiones que le dejaban fuera de juegos, fiestas de cumpleaños y demás actividades en la que participaban muchos de ellos. Aunque no se lo dijo tan directamente, utilizó cierta sutileza para que el crío fuera abriendo los ojos a la vida en la que estaba haciéndose un hueco.

A partir de ahí, tratarían de ir mejorando todas estas facetas de su personalidad, esperando que en la próxima ocasión contaran ya más con él. Otra prueba de fuego podría ser el propio cumpleaños del niño, que ya se acercaba y al que todos los años sabía que muchos de sus compañeros no iban bajo excusas y pretextos muy poco creíbles, incluso a los ojos de un niño. Todavía recordaba aquel en el que solamente Jorge, al que consideraba su "casi amigo" había asistido. De momento, para alegrar un poco el corazón maltrecho de su hijo, le dijo que el día de ese cumpleaños iban a celebrar con su hermana la gran persona en que se estaba convirtiendo y para ello se irían al salir del cole por la tarde a tomar algo por ahí.

Mientras le comentaba todo lo ocurrido durante la mañana, Carmen estaba totalmente pendiente de su hijo, mirándole cara a cara, sin perder ningún detalle mientras a su vez seguía con los últimos detalles de la comida. Ahora, una vez puesta la mesa, y al ver más tranquilo al niño al comprobar este que no le había renegado ni castigado, llamó a la pequeña Laura que jugaba en su habitación para comer los tres juntos puesto que su padre estaba tardando más de lo habitual. Seguro que hoy se había complicado el trabajo como en otras ocasiones minutos antes de salir y en estos casos siempre tenían acordado que ella comiera con los niños mientras le contaban sus cosas y él ya comería cuando llegase, aunque siempre le gustaba que fuera los cuatro juntos.

La verdad es que la madre estaba hecha un lío porque no tenía muy clara la reacción del padre cuando le contara lo que el chiquillo le había estado explicando. Además le habría gustado hablarlo antes con él para prevenirle y tener una postura común cuando el niño lo hablara ante ambos, pero eso iba a ser totalmente imposible y le preocupaba la reacción, y sobre todo las palabras que empleara Pedro cuando su hijo se lo contara sin haberle advertido ella previamente. Por eso mismo casi prefería que llegara cuando hubieran terminado de comer y así de este modo podría adelantarle algo y al volver de llevar a los niños al colegio lo hablaría con él, aunque en función del tiempo que tuvieran antes de irse de nuevo a trabajar lograría entrar más o menos en profundidad. Había llegado ya un momento en el que tenían que empezar a tomar decisiones. Además de todo lo de Mario en la escuela tenía que contarle la consulta con el pediatra y le preocupaba ser capaz de transmitirle a su marido lo que Gregorio a ella había tratado de explicarle.

Estaban ya terminando la fruta que habían sacado para el postre cuando oyeron la llave en la cerradura de la puerta. Los niños, a pesar de decirles muchas veces que nunca deberían levantarse de la mesa para nada hasta que no hubieran terminado de comer, al oír entrar a su padre corrieron a recibirle. ¡Quién les decía nada! Mientras se arrojaban a sus brazos e intercambiaban besos con él, Carmen, unos pasos más allá, trataba de hacerle señas para que estuviera prevenido de que algo ocurría con Mario como ya había hecho en otras ocasiones y esperando que lo entendiera, porque su respuesta en otros momentos había sido muy desigual.

—Venga niños que hay que terminarse la fruta —apremiaba mamá para poder comentarle algo a su marido mientras le saludaba—

Así, una vez a solas con él por el pasillo, pudo adelantarle algún pequeño detalle sobre la mañana que había llevado el niño para que no metiera la pata. Quedaron en hablar más tarde cuando volviera de llevarlos al cole, aunque le explicó que tenía que contarle muchas más cosas que había estado hablando con Gregorio muy importantes para el futuro de su hijo, por lo que ambos debían estar muy unidos en las decisiones que se tomaran de ahí en adelante, pero sobre todo porque tenían que aclarar muchas cosas antes de dar cualquier paso. En el fondo Carmen, aunque había tenido muy poco tiempo para pensar ella sola, entre unas cosas y otras, tras salir del consultorio médico, lo que sí tenía muy claro ya, seguramente incluso antes de salir de casa a primera hora de la mañana, era que había que tomar una serie de decisiones muy importantes, sin prisa pero sin pausa, y que si Pedro no se decidía, al final sería ella la que tomaría las riendas del asunto definitivamente, aunque ya lo venía haciendo desde hacía bastante tiempo. Que estaba decidida a ir a por todas, con él o sin él, aunque preferiría por ella, pero sobre todo por los niños, que fueran los dos a una.

Llegado el momento dejó a su marido terminando de comer. Los niños se despidieron de él y los tres partieron hacia el colegio. Ese día procuró no perder mucho tiempo para poder volver antes de que su marido saliera y tener la ocasión de hablar a solas. Únicamente tenía una duda, si comentarle antes lo de la mañana con el pediatra o lo que le había ocurrido una vez más a Mario con sus compañeros y sus profesores. En realidad pensó primero que seguramente sería más fácil contarle un poco por encima de lo del niño y luego profundizar más detenidamente en lo que había dicho Gregorio en la consulta, pero unos segundos después cambiaba de opinión y pensaba en detallarle solo lo del colegio y dejar para la noche lo del pediatra por considerarlo más importante y extenso. ¡Vamos! Que tenía un enorme lío en su cabeza.

Aquel día, como se había propuesto, volvió antes que ninguno pero al doblar la esquina de su calle al salir del parque por el que regresaba siempre, una vez más se le volvía a caer el mundo encima. Unos metros más allá, del portal de su casa salía su marido que se iba ya a trabajar por lo que no le habían servido de nada ni las prisas, ni tanto devaneo mental pensando en qué tenía que contarle primero. Cuando estuvo a su lado, casi no pudo articular palabra. En esta ocasión fue él mismo quien se adelantó.

—Bueno cariño, me voy. —le dijo rápidamente mientras le daba un beso de despedida— Cuando vuelva hablamos de lo que me has dicho antes. Se me ha hecho tarde y tenemos que terminar unas cosas para hoy.

—Vale, pero lo de Mario también es muy importante ¿lo has pensado en algún momento? —Le preguntaba bastante descorazonada—

—Claro que lo he pensado, pero ya te he dicho que hoy tengo mucha prisa y que esta noche lo hablamos sin falta. Venga, me voy que si no llegaré tarde.

Una vez más volvía quedarse con la palabra en la boca y con la rabia reconcomiéndole las entrañas mientras en su corazón no cabía ni un ápice más de tristeza. Lo tenía decidido. Si por la noche no conseguía llegar a una conclusión con Pedro, como había pensado en numerosas ocasiones tiraría por el camino de en medio, es decir, lo haría ella sola. Ya estaba harta.

Por fin llegó la noche. Atrás habían quedado las situaciones habituales que todos días le tocaba vivir con sus hijos, entre ellas la que más le costaba manejar y, por qué no decirlo, también asimilar que no era otra que la de los deberes, esa lucha continua repleta de momentos de tensión, con un tira y afloja continuo que la dejaba exhausta. Los niños hacía unos minutos que ya dormían, de eso se había encargado ella para allanar un camino que esperaba que no presentara demasiadas complicaciones, aunque a decir verdad tampoco las tenía todas consigo. Durante la cena, al estar Mario y Laura delante, simplemente se habían contado las batallitas del día y poco más, aderezadas con alguna que otra risa y un par de bromas, no faltando por supuesto algún pequeño escarceo para que el niño comiera bien y se terminara su cena.

Pedro, tras levantarse de la mesa y después de haber ayudado a recoger a su mujer en las últimas cosas, mientras ella se quedaba dejando impecable la cocina como siempre hacía, se dirigía al salón y daba al interruptor de la tele, para posteriormente sentarse cómodamente en el sofá. Momentos después llegaba Carmen y se sentaba a su lado esperando el momento propicio para iniciar la conversación que tanto esperaba tener. Hasta tal punto quería evitar problemas que ni siquiera al sentarse tras una larga jornada había lanzado un solo suspiro diciendo lo cansada que se encontraba. Al ver que Pedro no decía nada y antes de que se enganchara al programa que estaba a punto de comenzar, fue ella la que se lanzó e inició la conversación.

—Bueno, ahora que estamos tranquilos te voy a explicar lo que le ha vuelto ocurrir a tu hijo esta mañana en el colegio. —Comenzaba diciendo suavemente para empezar sin demasiado alarmismo—

—¿Otra vez se ha vuelto meter en líos? Si es que este chico no aprenderá nunca. —Decía expresando una vez más con su pregunta y su posterior afirmación, como ella se temía, que seguía pensando que el niño tenía que superar esta situación con el paso del tiempo y su desarrollo al ir creciendo.

Carmen, una vez más teniendo muy claro el objetivo que pretendía conseguir con esta nueva conversación, trataba de respirar hondo y evitaba contestar como había hecho en numerosas ocasiones de mal genio o simplemente elevando la voz más de lo normal. Esta vez se había propuesto mantener un tono de voz relajado y tratar de que el nerviosismo ante la recalcitrante idea de su marido no se apoderara de ella.

—Pedro, sí es cierto que otra vez se ha vuelto meter en líos, pero la verdad es que quiero que entiendas de una vez que Mario no lo hace porque quiere, tiene un pequeño problema y necesita nuestra ayuda. Bueno y la de más gente. Yo ya no puedo más con esta situación y creo que de una vez, y no te enfades por lo que te voy a decir, debes mojarte e implicarte conmigo en su resolución.

—Pero si yo siempre… —intentó justificarse ante su mujer que inmediatamente le cortaba y no lo dejaba hablar—

—Perdona que te corte, que no te deje hablar, pero no me refiero a que no quieras a tus hijos ni a que no me ayudes en sus cosas y menos en su educación. Hablo del caso de Mario, del que nunca has querido reconocer y asumir que tu hijo tiene un problema. Siempre crees que el tiempo va a solucionar todo y tú mismo ves claramente que los días van pasando y después las semanas y los meses pero seguimos siempre igual, con los mismos problemas en el colegio. Ya ni te cuento las trifulcas que se montan casi todas las tardes con el tema de los deberes. Tendrías que ver a Laura, que permanece sin rechistar como una espectadora ante el combate que tenemos tu hijo y yo a diario. Esto no puede seguir así. Yo estoy al borde de una depresión, si no estoy ya en ella.

Pedro, que desde la última vez que su mujer le había interrumpido escuchaba con una atención a la que ella no era ajena, la miraba fijamente como tratando de asimilar la acusación que Carmen le estaba haciendo y ante la que sentía cierta incomodidad. La verdad era que él no era consciente realmente de que el problema que veía fuera tan distinto al que ella trataba de referirse e intentaba descubrir la diferencia que a todas luces provocaba la ansiedad de la madre.

Aprovechando el estado de atención en el que había conseguido colocar a su marido, le explicó brevemente lo acontecido en el colegio, eso sí, recalcando muy claramente cómo se habían comportado ambos profesores con el niño para hacerle ver la importancia que tenía sobre Mario que fuera tratado de una u otra forma, con exigencia y rigor, pero también que fuera escuchado y animado a mejorar en todo aquello que hiciera mal. Más adelante, basándose en los hechos acontecidos, fue contándole a su manera la conversación con el pediatra. Carmen seguía sorprendida de la actitud de su marido en aquellos minutos, viendo en aquel silencio y aquellos ojos con que la miraba sin pestañear prácticamente un rayo de luz que tal vez fuera el que ella estaba buscando.

Beatriz Cantero (15 años)

CAPÍTULO X

Cambio de rumbo

Carmen sabía que la conversación de la noche anterior con Pedro había podido ser muy importante, pero también tenía demasiado claro que solo era el principio de un largo camino. Sí, otro, por un lado con su hijo y ahora con su marido. Su trabajo consistía ahora en hacerlos coincidir lo antes posible por el bien del pequeño, aunque todos saldrían fortalecidos en el momento que este hecho se produjera. Hasta la pequeña Laura que siempre parecía estar al margen. El problema de su hermano, al que también ella quería mucho, la relegaba aparentemente siempre a un segundo plano, aunque Carmen se desvivía con ese don de la ubicuidad que solo tienen la mayoría de las madres para que la niña no se sintiera desplazada y claro que lo conseguía. Laura era una niña feliz, muy feliz.

Recordaba cómo hasta ahora, en muchas ocasiones, tras hablar con su cuñada e incluso con la abuela del tema, ni se lo decían a él por no discutir tras escuchar siempre sus ideas inamovibles. A partir de este momento, que ya empezaba a saber mejor de qué iba la cosa, había pensado buscar información del tema en revistas, prensa, televisión, o cualquier otro medio, preguntando a su pediatra o a amigos con niños similares, e incluso le habían hablado algunas amigas de eso de las redes sociales, pero eso ella no lo conocía aunque tal vez hiciera una incursión a ver si era verdad. Por ayudar a su hijo lo que hiciera falta.

Los pasos siguientes a dar a partir de ahora debían ir todos en la misma dirección, para que él solo fuera implicándose casi sin darse cuenta, aunque iba a costar porque en muchas cosas era como su hijo, no solo impulsivo, sino desordenado y olvidadizo. La cosa había cambiado completamente. En este momento pensó que aunque no era cuestión de estar todo el día con el tema aprovechando cada momento que lo pillara a solas, tampoco era cuestión de dejarlo enfriar después de lo que había empezado a conseguir. Empezaría a soltar algún comentario, a dejar "olvidados" artículos de prensa, etc. Así que esa misma tarde al volver del trabajo, estuvo atenta para tratar de sacar el tema con más tiento que en otras ocasiones aprovechando el suave viento a su favor.

Cuando llegó por la tarde se le notaba cansado, como si no hubiera pasado un buen día, por lo que creyó mejor no apurar y dudó si sacar el tema. Le animó a ducharse para que así se relajara del mal de día de trabajo mientras ella se ponía con la cena y se fue a la cocina no sin asegurarse antes de que los dos pequeños estuvieran jugando sin pelearse como solía ocurrir siempre que a Mario se le metía algo en la cabeza.

Al poco rato ya estaban todos juntos cenando y compartiendo su día, todo aquello que le había pasado a cada uno. Hoy, al no haber nada reseñable de Mario, cosa extraña, la mayor parte se la llevó el padre que contaba a los críos de una forma sencilla que ellos pudieran comprender lo cansado que había vuelto y lo pesado pero importante que es a veces tener que esforzarse por conseguir hacer las cosas bien. Los pequeños ante esas explicaciones hacían sus preguntas, casi todas cargadas de una enorme ingenuidad, especialmente las de Laura, aunque a Carmen ese comentario sobre el valor del esfuerzo le parecía algo nuevo en su marido, como si estuviera dando un giro a su forma de pensar, al menos de hablar con los niños. ¿Estaría empezando a dar su fruto la conversación que habían mantenido el día anterior? Era demasiado pronto y prefería no hacerse ilusiones porque sabía cómo era Pedro y creía tener garantizada una montaña rusa de ilusiones y desencantos, pero al menos la cosa parecía pintar mejor que antes. Sería cuestión de dar tiempo al tiempo.

Después de una sencilla sobremesa, cada uno siguió el camino de todos los días después de cenar, los niños a la cama tras su paso por el baño acompañados por su madre y dar las buenas noches, el padre al salón a sentarse un buen rato ante el televisor.

Había llegado por fin la hora de descansar después de un buen día de trabajo. Pulsó el interruptor y se sentó en el sillón orejero acomodándose de manera que la televisión pudiera verse lo más centrada posible. Empezó a pasar canales con el mando a distancia y pudo comprobar que a esas horas no había nada demasiado interesante, salvo una película que ya llevaba un buen rato empezada y que recordaba haber visto ya. El resto, programas de cotilleo y alguno que otro de poco interés. Estaba haciendo zapping sin decidirse por ninguno concreto cuando apareció su mujer y se sentó en el otro sillón bastante cerca de él.

—¿Estás viendo algo? ¿Has encontrado algo que merezca la pena? —Le preguntaba tratando de algún modo de acercarse a él.—

—Cada día está peor la tele. Una película de hace años que creo que ya vimos y programas de esos en los que la gente no hace más que chillar.

—Tienes toda la razón. Si te parece la apagamos, nos preparamos un café o alguna cosilla de beber y nos ponemos algo de música suave para relajarnos, que después del día que has llevado te vendrá bien. —Continuaba Carmen preparando el terreno ahora que parecía que la situación pintaba un poco mejor—

—¡Vale! No es mala idea.

—Voy a preparar un café y mientras tanto eliges tú la música que prefieras. ¿Cómo quieres el café?

—Cortado, pero no calientes la leche para mí, por favor.

Mientras su marido se levantaba y se dirigía posteriormente al equipo de música, donde empezaba a pasar discos para ver cuál iba a poner, Carmen se dirigía a preparar el café con una media sonrisa porque era consciente de que había conseguido mucho más de lo que había imaginado al ver a su marido entrar en casa unas horas antes cansado y cabizbajo. Estaba convencida de que se encontraba ante un momento que no debía desaprovechar para ir explicándole con paciencia y sutilmente todo aquello que llevaba tiempo intentando hacerle entender y que tanto le costaba asimilar. Puso la cafetera y en los minutos que ella sabía que le costaba salir el café, volvió al salón para buscar un mayor grado de complicidad con él, con la excusa de la música a elegir. Apoyando su mano derecha sobre el hombro de Pedro que estaba agachado pasando discos, le hizo un par de sugerencias y cuando oyó el ruidito del café que empezaba a salir volvió a la cocina, retornando enseguida con él en una bandeja en la que había añadido unas pocas pastas mientras en el salón comenzaba a sonar una suave música envolvente.

—Pedro, me ha encantado lo que les has dicho antes a los chicos. —comenzaba diciendo Carmen para allanar el camino—

—¿Yo?— preguntaba sorprendido.

—Claro, eso de lo importante que es el esfuerzo para conseguir a veces las cosas.

Al reconocer por fin sus propias palabras, se alegraba de que le hubieran escuchando, dándose así una pequeña alegría que le predisponía a escuchar más y le centraba en aquella conversación que había empezado de forma tan agradable y que su mujer proseguía.

—Es que eso les viene muy bien a los niños, pero en especial a este crío que mira que le cuesta, pero no creas que el pobre no lo intenta. Necesitan oír ese tipo de ideas.

—Si tú lo dices lo intentará, pero no creas que no mete la pata, siempre se está metiendo en líos. —Apostillaba un Pedro todavía muy lejos de la postura que Carmen creía que debería tener.—

Ella en este momento sabía que lo que nunca debía hacer era polemizar. La conversación que estaba teniendo lugar la había conseguido con todo el cuidado y el tacto posible. Era algo impensable unos días atrás y no la pensaba arruinar por una de esas polémicas que siempre hay entre las parejas y que casi nunca conducen a nada.

Recordaba tiempo atrás cuando jamás había oído hablar del TDAH, no tenía ni idea de lo que era. Si alguien le hubiera dicho algo referente a él le habría dado lo mismo que si le hablaran de cualquiera de esas palabras que ya van siendo incluidas en el lenguaje habitual de la gente con total normalidad, tales como USB, TDT, ADSL y tantas otras que nadie se cuestiona y que todo el mundo usa como si hubieran estado en nuestro vocabulario desde que nacimos.

Aunque no sabía la palabreja en cuestión, siempre se había dado cuenta de que el comportamiento de Mario invadía todos los ámbitos. Tenía claro que unos grandes almacenes no eran lo ideal para el niño, que un parque le iría mejor, pero no siempre encontraba a la abuela disponible para que se quedara con él y decidía llevárselo de compras. ¡Cuántas veces salía llorando Carmen! Tenía la manía de tocar todo casi compulsivamente, tiraba las perchas al suelo, corría entre góndolas y estanterías. Todo un horror contemplar aquello sin prácticamente tener tiempo a llamarle, a reprenderle, a explicarle que eso no se hace ante las miradas de decenas de personas que parecían poseer miles de ojos perforándola hasta lo más profundo de su ser.

Se sentía una madre resiliente y sabía muy bien lo que eso significaba. No se trataba únicamente de saber soportar estoicamente las adversidades, y la que le había tocado era una bastante considerable, sino más bien aprender a crecer a partir de ellas, buscar una forma distinta de vida, reinventando la que ella tenía en estos momentos. Bajo esta idea tenía que ayudar a Pedro a ver una realidad que no era la que ella veía y estaba plenamente convencida de estar en lo cierto.

Había estado dudando todo el tiempo si sacar a colación cómo era él de pequeño para que viera reflejado en su hijo al Pedro que también tuvo siete años, como ahora los tenía Mario, incluso hacerle ver alguna de las características actuales como las que había hablado con su cuñada, pero se temía una respuesta que le haría retroceder en sus planteamientos. Se trataba del momento en que su marido dijera que si él había sido como su hijo y había podido salir adelante ¿por qué no iba a ser capaz de conseguir lo mismo su pequeño? Ella sabía que debía hacerle ver que eran otros tiempos, que las cosas entonces no eran como ahora pero ¿cómo? Aún así decidió que debía jugársela, no podía perder la oportunidad que se le había presentado después de tanto tiempo de búsqueda.

—¿Y quién no se equivoca alguna vez? Y él a su edad con más razón, tiene que aprender. —Continuaba Carmen la conversación intentando ser suave—

—No, yo no digo que no deba ser así, pero a mí me parece que el número de equivocaciones es excesivo.

—¿Te acuerdas cuando eras pequeño tú? Lo has contado muchas veces e incluso nos hemos reído en alguna ocasión de lo que hacías. —Preguntaba con toda la intención tratando de expresar el problema de su hijo con sus propias palabras para que se viera reflejado como si estuviera ante un espejo—

—Claro, por eso, porque eran simplemente gracias, pero nada más.

—¿Y qué es lo que hace Mario? Creo que te estás haciendo mayor, el tiempo te hace perder un poco la perspectiva de las cosas.—Le decía Carmen tratando de dar un pequeño toque de humor para evitar la conversación se le fuera de las manos.

Poco a poco fueron saliendo aquellos recuerdos de la infancia y juventud de Pedro con los que tan buenos ratos habían pasado, incluyendo en más de una ocasión unas buenas risas por las ocurrencias del momento en que se habían producido e incluso en más de una de ellas por las consecuencias que habían acarreado, especialmente cuando iba al pueblo los veranos gozando allí de una libertad que en la ciudad no tenía. Aquella conversación les llevó a analizar muchas de aquellas actitudes y Carmen veía como las expresiones y gestos de Pedro denotaban con el paso de los minutos que algo en su interior estaba cambiando respecto a lo que pensaba de las actuaciones de su hijo. Una de las señales más inequívocas que le dieron la primera pista fue que él mismo, en uno de los momentos en que comentaban unas trastadas de aquella infancia, hacía referencia a las cosas que su madre contaba cuando era prácticamente un bebé y que su mujer ni siquiera había nombrado.

—No, si mi madre siempre ha dicho que de pequeño no paraba, incluso a veces ha comentado que tenía un temperamento algo difícil. Mira en eso con Mario hemos conseguido mejorar algo la especie.—Decía soltando una pequeña y suave risa—

—¿Ves? Si al final se parecerá a ti. Todo el mundo lo dice. A mí me parece muy bien, aunque dicen que tiene mi misma cara. Así todos contentos.

—¡Hombre! Visto así… —apostillaba como dando a entender que empezaba a compartir algunos puntos de vista de lo que Carmen estaba haciendo ver—

Así, en un agradable ambiente con la suave música de fondo, el olor a café y el dulce toque de las pastas que Carmen había sacado, como sin quererlo y a raíz de lo que acababa de pronunciar Pedro, ambos fueron repasando aquellos recuerdos que la abuela paterna tantas veces contaba y a los que casi nunca habían dado la importancia que ahora comenzaban a otorgarle. El paralelismo existente entre el carácter y el comportamiento de Mario en determinadas ocasiones y de aquel Pedrito de hace años se hacía más que evidente ante sus ojos a cada paso que se daba en la conversación.

A lo ya comentado se fueron añadiendo algunos problemas de crianza que ya desde muy pequeño, casi un bebé, evidenciaban que algo podía esconderse, pues era un niño que dormía muy poco y comía fatal. Siempre recordaban cómo una hermana de la abuela, fallecida unos años atrás, les decía siempre que nunca habría pensado que le llegara a gustar tanto ir al pueblo después y corretear por los campos, bajar al río o subir al monte con otros niños, porque al principio era todo un problema cuando llegaba. Era bajar del coche, cuando justo comenzaba a caminar, y echarse a llorar pidiendo los brazos de su madre con aquella lengua de trapo que reclamaba volver a su casa porque al parecer eso de adaptarse a situaciones nuevas lo llevaba muy mal. Si además añadimos que su coordinación motriz no era lo que podríamos llamar buena, todavía asombraba más a todo el mundo el cambio que se había producido poco más tarde. Después de todos los lloros, cuando ya parecía encontrarse a gusto, en poco tiempo tuvo varias caídas correteando en las que se rompió la muñeca, se hizo varios esguinces de tobillo, siempre en el pie derecho, y heridas varias que hacían presagiar un retroceso a tiempos pretéritos en los que detestaba el pueblo, que nunca tuvo lugar.

Ya en esta etapa infantil siguió siendo tan activo e inquieto como de bebé, algo que él mismo reconocía en la conversación y que en la actualidad le hacía seguir sufriendo todo tipo de accidentes caseros, pero que en aquel tiempo lo que consiguieron fue que se produjera una etapa con las relaciones entre madre e hijo especialmente complicadas debidas fundamentalmente a lo desobediente que era. Otro detalle de entonces que saltaba a la vista y que era ahora cuando el mismo Pedro empezaba a recordar, y lo que le hacía pensar todavía más en las coincidencias con su hijo Mario, era que siempre jugaba con la pandilla del pueblo sin problemas porque allí la cosa consistía en correr un poco a lo loco y participar en juegos y actividades al aire libre sin que fuera necesario cumplir unas normas demasiado estrictas. En cambio, los problemas comenzaban a la vuelta a la ciudad, especialmente en la escuela, pues nunca le gustó aquello de que le dijeran por donde tenía que correr y qué tenía que hacer en cada momento, porque en eso de los juegos en grupo jamás le fue demasiado bien. De hecho, le hacía ver a Carmen como si acabara de descubrirlo a raíz de esta charla con ella, que seguramente por eso había terminado como comercial en la empresa en la que trabajaba, porque él siempre había dicho que sería incapaz de permanecer tantas horas como otros de sus compañeros sentados tras la mesa del despacho.

—¡Habrá que irse a dormir! Se está haciendo tarde —le dice Carmen como tratando de hacerle ver que tampoco tiene un interés excesivo en seguir hablando del tema en este momento, aunque en realidad se muere de ganas por seguir toda la noche si es necesario.—

—Sí, que mañana hay que madrugar. Pero ¿sabes? he pasado un buen rato y me alegro de haber hablado de todo esto. Creo que me has hecho reflexionar y voy a tratar de ver las cosas de otra manera desde este momento. Te lo prometo, pero dame tiempo.

Ella, aunque muy satisfecha por el gran paso que suponía esta última declaración de intenciones, quería quedarse con las ganas de escucharle algo más y temía haber cortado la conversación con su observación al referirse a la hora que era, pero su sorpresa fue que su marido aún dando la sensación de que con lo que acababa de decir ya daba por concluido el momento que tanto le había costado conseguir, seguía hablando como nunca lo había hecho antes, como si le hubieran dado cuerda.

Así pues, una vez comentados los recuerdos de su madre, de bebé y los posteriores sobre sus correrías en el pueblo de niño y más tarde algo menos niño, empezó a reflexionar cómo le había costado socializarse en la escuela, pues también le habían machacado siempre con aquello de que en la guardería a la que fue en más de una ocasión había pegado a los niños o les había quitado y roto algunos juguetes.

—¡Anda que no le habían recordado veces el maldito camión de Adolfito! —decía soltando una sonora risotada— Yo de ese niño no recuerdo absolutamente nada ¿sería una invención de mi madre?

—¡Cómo se lo va a inventar hombre! Ya sabes que las madres esas cosas...

—Pues desde luego si ese crío ha existido y le llamaban así debía ser...

Carmen se partía de risa mientras lo escuchaba haciendo gestos sin parar, mientras él seguía.

—¿Sabes una cosa Carmen? Que si ese crío existió y era así, me alegro de haberle roto su camión.—Decía Pedro volviendo a recrearse una vez más—

—No digas eso hombre. ¡Pobre niño!

—Pero si lo digo en broma. —Añadía como si ella hubiera pensado que era capaz de hacerlo, sabiendo que a pesar de todo lo que su madre recordaba de él, siempre había tenido un gran corazón.

Entre risas y recuerdos, habían pasado casi dos horas en las que habían analizado muchos de los aspectos que a Carmen le preocupaban de su hijo Mario, pero en la mayoría de los casos sin referirse a él sino a su padre, algo que a este parecía haberle servido para darse cuenta del problema que tenía su hijo y al que juntos tendrían que ayudar. Ella se fue hacia la cocina con la bandeja y las tazas de café vacías junto a las que se veían algunas migas de las pastas que unos minutos antes habían habitado aquella bandeja. Él mientras tanto apagaba el equipo de música y recogía alguna cosilla más por el salón todavía con una sonrisa que evocaba el momento tan agradable que acababa de pasar recordando el pequeño que fue. Aunque se encontraron en el baño para lavarse los dientes antes de acostarse y lógicamente en el dormitorio, curiosamente ninguno de los dos volvió a comentar nada de lo que habían estado hablando. Carmen, tremendamente satisfecha porque era consciente de que había conseguido que su marido diera un paso muy importante para la felicidad de sus hijos, ya que si las cosas mejoraban con Mario, también haría la vida más agradable a Laura y por supuesto a toda la familia. Pedro, con una agradable sensación porque él también sabía que podía haber un antes y un después de aquella conversación que le había abierto los ojos a muchas cosas que antes no veía, pero sobre todo la mente, puesto que desde este momento creía que tenía que cambiar su forma de pensar en todo lo relacionado a su hijo. Ya con la luz apagada, mientras escuchaba la respiración acompasada de su mujer que parecía haberse quedado dormida, fue notando como si algo que necesitaba soltar se hubiera quedado en su interior. Rápidamente cayó en la cuenta de qué se trataba. En la serenidad alcanzada esa noche, en ese mar en calma que sentía, descubrió unas gotas que durante toda su vida habían impedido que consiguiera esa paz interior. Recordó cómo su ánimo, lo que todo el mundo llama autoestima, había sido golpeado sin piedad una y otra vez durante su infancia por algunas personas que se había encontrado su camino y que nunca le habían entendido. Estaba pensando que nada más despertarse se lo contaría a Carmen, pero poco a poco se fue quedando dormido.

Nuria Clavería (15 años)

CAPÍTULO XI

Un doble paseo por el ayer

Había estado tan desorientada desde el principio que, tras hablar con unos y con otros, pero en especial con su pediatra, se empezaba a sentir mejor, como si las fuerzas se hubieran multiplicado. Gregorio era una de las personas que mejor conocían al niño desde su nacimiento y ahora al conseguir el acercamiento de Pedro, al que consideraba como un aliado imprescindible en la batalla que estaba librando para conseguir por encima de todo la felicidad de su hijo, las cosas empezarían a rodar algo mejor, aunque aún había muchas piedras que retirar del camino.

Una y otra vez se repetía para sí misma que no debía cantar victoria tan pronto. Conocía a su marido y sabía cómo era. Su predisposición inicial en muchas ocasiones, como en esta por ejemplo, podría diluirse como un azucarillo si su desorden mental habitual hacía acto de presencia, algo clásico en él. Además, su impulsividad le jugaba siempre muy malas pasadas echando por tierra cuestiones incluso importantes para él en casa o el trabajo. Carmen estaba convencida de que esta vez al ser algo relacionado con su hijo iba a ser muy diferente, aunque también sabía que costaría y que los altibajos de otras ocasiones volverían a aparecer, aunque confiaba que su interés sería mayor y que recordándole de vez en cuando lo importante de su trabajo serían algo menos pronunciados. Trataría de estar preparada y se cargaría de paciencia, mucha paciencia, para no arruinar todo en caso de que algo no saliera como ella quería.

Carmen había llegado a la conclusión en todo este periodo de que lo primero que necesitaba era conseguir que un profesional cualificado le hiciera un buen diagnóstico. Todo el mundo le decía que eso le iba a costar conseguirlo mucho tiempo, pero que una vez que lo tuviera en su mano las cosas iban a cambiar de manera clara y notoria. Eso sí, después de la decepción inicial el día que fue a la consulta de Gregorio, su pediatra, pensando que saldría de allí con la receta mágica, sabía que era imprescindible contar con algunas herramientas básicas, entre las que no deberían faltar buenas cantidades de paciencia. Aquel día no lo iba a olvidar en la vida, pues pudo comprobar que las cosas no son siempre como nosotros queremos que sean, sino como tienen que ser. Entró ingenuamente pensando que saldría como cuando iba con el niño con un catarro, una gripe o cualquier otro dolor, con una solución consistente en algunas recomendaciones a seguir escrupulosamente, además de la receta con el medicamento adecuado, de manera que en pocos días el problema pasaba a mejor vida y todo el mundo se olvidaba de ello. Pero nada fue como ella había pensado.

Aquel viacrucis que comenzara meses atrás, como quien no quiere la cosa, con inocentes comentarios de algunos compañeros sobre el comportamiento de Mario en clase y en el recreo, junto a otros de algunas madres que incluían algunos ya no tan inocentes, ahora ya empezaba a tomar cuerpo después de haber hablado con los profesores, el jefe de estudios y su pediatra. Además, lo había ido constatando ella en aquellos altercados que comenzaba a provocar en el parque más de una tarde a la vuelta a casa, además de las noticias que iba recibiendo del colegio.

Por supuesto que no habían faltado en todo este informe mental que Carmen se había creado, las conversaciones con familiares cercanos, especialmente su cuñada Eva, así como con otras madres que le habían confesado tener el mismo problema que ella, algunas de las cuales le habían hablado de asociaciones de ayuda, redes sociales donde informarse e incluso montones de soluciones más, algunas de lo más peregrinas.

En un primer momento pensó que sería bueno estar informada, ya que la información en la vida siempre es importante, pero también saber sopesarla y valorarla en su justa medida y en el momento oportuno. Por todo ello pensó en no precipitarse y apuntó en un papel las direcciones de asociaciones y lugares de interés donde poder ir personalmente a informarse de cómo ayudar a su hijo llegado el día, así como algunas direcciones de Internet para seguir metiéndose poco a poco y ser capaz de digerir el aluvión de información contenido en ellas, siendo consciente por otros temas anteriores de que en la red hay que andar con pies de plomo porque puedes encontrarte de todo. En último lugar, de todas aquellas soluciones que otras madres en situaciones similares a la suya le habían comentado, sin ninguna duda con toda la buena voluntad del mundo, fue tomando buena cuenta mentalmente de aquellas que no iban a hacer mal al niño y que, como tiempo después comprobaría hablando con especialistas, no le hacían daño porque eran métodos que durante toda la vida se habían utilizado para relajar o ayudar a tranquilizar a la gente. El resto rápidamente advirtió que eran remedios desesperados que algunas personas escuchan cuando ya no saben qué hacer con un problema y que generalmente provienen del ingenuo que sabe de todo y pretende ayudar sin tener conocimientos de un tema concreto, o del listo de turno que solo quiere aprovecharse de la situación para sacar algún beneficio, en la mayoría de los casos económico.

Posteriormente ya comenzó la parte más activa de todo el proceso, un peregrinar por especialistas de todo tipo recabando información de cada uno de ellos con el único objetivo de llegar a tener el ansiado diagnóstico, mientras Carmen iba haciéndose ya poco a poco un retrato mental de lo que a su hijo le estaba ocurriendo. Una de las cuestiones que más inquietaban a la madre era comprobar que no todos los profesionales que iban viendo a Mario estaban totalmente de acuerdo y eso la desconcertaba.

Desde la inolvidable visita al pediatra, donde recibió una serie de cuestionarios para rellenar en casa y otros para llevar al colegio que debían cumplimentar los profesores, hasta la última prueba hecha a su hijo para descartar distintos problemas como los auditivos, visuales, etc. jamás se opuso a nada aunque en algún caso le explicaron que para el diagnóstico de un caso de TDAH, una vez realizados los citados descartes, no era necesario en ese instante realizar prueba biomédica alguna, cuestión que sería deseable en un futuro, pero que en el momento de realización de las pruebas no era posible. Como sus conocimientos en este terreno eran mínimos y simplemente habían sido enriquecidos en los últimos meses debido a su incansable interés por aprender todo aquello que pudiera ayudar a su hijo, siempre dudaba. Por eso, al ver que dichas pruebas a las que querían someterlo no eran en absoluto peligrosas para él ni en el momento de realizarlas, ni posteriormente, decidió permitir que se las hicieran pues aunque la información había llegado a ella de personas relevantes en el tema y totalmente fiables, en algunos casos pensó que no era conveniente romper la relación con alguno de los que se las hacían puesto que nunca se sabía si podrían en alguna otra cuestión serle de utilidad.

A pesar del entusiasmo inicial, como ya era de esperar, Pedro empezó a no asistir a algunas de las entrevistas, consultas o sesiones programadas por algunos de los especialistas que estaban trabajando con Mario. Generalmente aducía problemas de trabajo, algo que era cierto en algunas ocasiones pues, a pesar de que la situación laboral no era especialmente boyante, contaba con una cartera de clientes bastante amplia y muy fieles a él porque realmente era muy bueno en su trabajo. Otras veces simplemente le desbordaba la situación al ver la implicación de su mujer y se sentía algo agobiado porque ella le exigía siempre más y más compromiso con el proceso emprendido teóricamente por ambos.

Tal vez lo que más le había impactado desde el primer momento y pudiera estar en el origen de sus ausencias prolongadas a muchas de de las sesiones, era el verse reflejado tan claramente en su hijo. En más de una ocasión, delante de alguno de aquellos profesionales, se había sentido incómodo pues se había sentido incluso cuestionado al dar la sensación de que estaban hablando de él, ya que según iban conversando sobre Mario sentía que lo iban describiendo con una claridad meridiana. Si algún familiar o amigo cercano suyo hubiera entrado tarde a la consulta y escuchado todo lo que en ellas se hablaba, no habría dudado ni un instante en pensar que estaban hablando de Pedro. Claro, no es lo mismo que uno mismo sepa cómo es a que se lo estén diciendo directamente a la cara y esto a Pedro le afectaba sobremanera.

En una de las sesiones en que fueron a ver a uno de los especialistas sucedieron un par de cosas muy curiosas, una a cada uno de los progenitores de Mario. Don Tomás, un neurólogo particular, ya entrado en años, de pelo blanco pero abundante, a mitad de la consulta, mirando a la madre fijamente a los ojos desde la distancia que le daba su mesa de despacho, dejando de hablar del chico, comenzó a hablarle con una voz marcada por el tabaco de muchos años paseando por sus pulmones.

—¿Carmen? —ambos lo miraban como si el buen hombre a sus años comenzara a irse de la cabeza, pensando que se encontraban ante una de las lagunas que tal vez se estuviera produciendo una incipiente demencia.— ¿Carmencita? —dijo después con una amplia sonrisa— ¿No te acuerdas de mí? Claro, cómo te vas a acordar, eras tan pequeña…

El médico fue explicándole que cuando llevaba muy pocos años ejerciendo la medicina privada, siendo todavía lo que se conocía como médico de cabecera, era el que se encargaba de su familia y por tanto la conocía prácticamente desde que había nacido. Carmen había oído hablar de él en numerosas ocasiones porque, como bien recordaba don Tomás, fue el médico de toda la vida y en casa aparecía en muchas de esas conversaciones de sabor rancio y color amarillento que las madres y especialmente las abuelas sacan del baúl de sus recuerdos muy de vez en cuando, por lo que los más jóvenes casi ya las saben de memoria y podrían continuarlas si quien las cuenta sufriera de repente un lapsus.

Tras pedirles disculpas por interrumpir el tema que les había llevado ante él y después de preguntarles casi hasta por el gato, se levantó no sin esfuerzo, pues su barriga considerable unida a su edad casi a punto de jubilarse, ayudaban más a la gravedad que a su esfuerzo por ponerse de pie. Pasó al otro lado de la mesa por delante de donde estaba sentada la pareja que había ido sin el niño, dirigiéndose a un enorme armario de madera que ya tenía su buen montón de años. Se agachó ligeramente y tiró de la llave que asomaba por la cerradura del segundo cajón desplazándolo hacia él y dejando ver que lo que guardaba su interior era un enorme fichero con sus buenos centenares de fichas correspondientes. Ambos se miraban, haciendo Pedro un gesto de extrañeza a Carmen al que esta contestó con una sonrisa acompañada de una afirmación como queriendo darle a entender que estaba comenzando a comprender lo que don Tomás estaba buscando y les iba a enseñar si conseguía encontrarlo.

Tras pasar sus desgastadas yemas por multitud de lomos claramente amarillentos por el paso de los años y de otros tantos pases de dedos rozándoles en todo ese tiempo, extrajo un pequeño paquetito de papeles sujetos con un clip. Cerró suavemente el cajón y le puso a Carmen los documentos en su mano derecha. Ella lo tomó suavemente y lo primero que vieron sus ojos fue la foto que seguramente le habría llevado su madre al galeno cuando era muy pequeña, probablemente no tendría ni los dos años. Comenzó a ojearlos y como ella había supuesto se trataba de su historia médica guardada con celo y escrupulosamente ordenada con el resto por aquel gran profesional. Se trataba de un manojillo de fichas escritas a mano como era normal en aquellos años, con aquella letra de caligrafía casi perfecta que ahora ya está en peligro de extinción si no ha desaparecido ya totalmente. Cada ficha contenía una foto nueva, unos años más mayor según pasaba de una a otra y lo que había tenido en su momento con todo lujo de detalles, desde la enfermedad, hasta la temperatura, la presión arterial y montones de datos más.

Dejó pasar unos minutos a Carmen revisando aquella reliquia mientras le contaba sin parar cosas de tiempos ya más que pasados. De repente don Tomás volvió a la cruda realidad que les había llevado hasta él, de la que Carmen con tanto recuerdo casi se había olvidado por completo. Tras agradecerle aquel detalle volvieron donde se habían quedado.

Siguieron hablando de Mario, de su comportamiento, de su forma de ser y en este momento comenzó a tomar forma lo que realmente iba a tocar la fibra sensible de Pedro. A pesar de que el médico era ya mayor, se notaba en él una gran inquietud por aprender, una profesionalidad con mayúsculas, una vocación que a lo largo de muchos años seguía increíblemente intacta y en este momento se podía comprobar en su forma de hacer, de ayudar y orientar a sus pacientes. Tras repasar cómo era el chico fue enumerando, una a una, algunas características que sin lugar a dudas iban retratando a Pedro con una nitidez que no le pasó desapercibida desde el primer instante.

La situación que fue creándose durante todo el tiempo que duró la consulta, vista desde fuera por un observador externo al problema desde la más absoluta imparcialidad, habría resultado extremadamente curiosa. Carmen totalmente fascinada por aquellos amarillentos documentos en los que podía verse nítidamente reflejada una infancia como la de cualquier otro niño, sin problemas fuera de los parámetros habituales, y sin haber sufrido una enfermedad ni trastorno reseñable. Pedro nervioso y preocupado por lo que iba escuchando, ya que el médico, al parecer conocido de la familia de toda la vida, tras cada palabra que pronunciaba comprobaba que todas las características que iba escribiendo de su hijo, las iba reconociendo en aquel niño que él ya hace años fue. Lo malo, pensaba él para sus adentros, que muchas de ellas en ese mismo momento era consciente de que todavía forman parte de su persona, e incluso dudaba que el tiempo pudieran en algún momento erradicarlas. A pesar de su edad no podía parar en ningún sito y no paraba de hablar, incluso en alguna reunión de trabajo le habían tenido que decir que tuviera algo más de paciencia cuando quisiera decir algo. Eso sí, como Mario, aunque la gente pensara que era un problema, él estaba orgulloso de ser un soñador, estaba lleno de proyectos que casi nunca llegaban a materializarse. La verdad es que volvía a tener sentimientos encontrados. Mientras que por una parte sentía un cierto alivio al ir poniendo nombre a todo aquello que estaba pasándole a su hijo, por otra le preocupaba pensar que a su edad pudiera tener lo mismo. Llegó a pensar en preguntarle al médico si eso era posible y si también para él existiría algún tipo de tratamiento, pero en ese mismo momento no llegó a atreverse. Había una idea que le daba vueltas y vueltas en su cabeza y no era otra que la que había oído de una posible medicación.

Lara Nuviala (14 años)

CAPÍTULO XII

Y ahora... ¿qué hacemos?

En la consulta de don Tomas fue donde a Pedro más le afectó oír la palabra que le daba vueltas en la cabeza. La había escuchado en más sitios pero, por alguna causa que él no llegaba a explicarse, en ese lugar y en ese momento, tal vez por darse unas circunstancias especiales dada la cercanía con Carmen y su familia, por haberse sentido más aludido que en otros, o por lo que fuera, esa idea ocupaba gran parte de sus pensamientos.

La verdad es que se iba informando poco a poco de lo que era un caso de TDAH ya que antes no tenía la menor idea, tal vez hubiera oído en algún momento hiperactividad o hiperactivo aplicado a alguna persona conocida, pero con esas cuatro siglas, nada de nada.

En realidad había sido en aquel despacho cuando por primera vez escuchó todo aquello tan directamente. El médico, dirigiéndose más a su mujer que a Pedro, llegó incluso a decir que el suyo era en realidad un caso de TDAH no diagnosticado en su momento y por lo tanto no tratado. Él no llegó a asimilar esa afirmación hasta unas horas después comentándolo con ella al llegar a casa y plantearse la posibilidad de dar algún fármaco al niño.

Durante la consulta, aunque ya les habían adelantado algo anteriormente en otras, don Tomás les explicó con todo lujo de detalles todo lo relativo a la medicación que se emplea en este trastorno. No se dejó nada de lo que él consideraba substancial, extendiéndose ampliamente en lo importante que llegaba a ser en muchos de los casos, y sin esconder en ningún momento que a veces excepcionalmente en algunos se producían algunos efectos secundarios. Al hablarles de ellos, no solo se dedicó a nombrárselos, sino que incluso les explicó que muchos carecían de importancia y que otros, que también podían darse aunque muy puntualmente, podían resultar algo más serios en principio pero que generalmente se solucionaban con la interrupción del propio tratamiento.

Mientras el médico iba contándoles con toda la naturalidad del mundo lo que consideraba mínimamente imprescindible para que estuvieran informados y pudieran actuar posteriormente en consecuencia, en caso de que tuvieran que optar por la alternativa que él les estaba explicando desde el punto que él conocía, y por lo tanto estrictamente médico, en sus cabezas no paraba de crecer la incertidumbre, una ansiedad que iba en aumento y que, como ya ocurriera cuando la madre fuera al pediatra no hacía demasiado tiempo, estaba produciéndose de nuevo el efecto contrario.

Una vez que don Tomás hubo terminado todo lo que creía que la pareja debía conocer antes de salir de su consulta, seguramente empujado algo más que en otras ocasiones con otros pacientes por la cercanía que le daba el conocimiento de Carmen y sus familiares desde hacia tantos años, les preguntó si tenían alguna duda de todo lo que habían estado escuchando con tanta atención y seriedad, a lo que ninguno de ellos supo qué contestar. El galeno, enseguida se dio cuenta de que en realidad lo que les ocurría es que, como muchos otros padres que se ven cara a cara ante un nuevo trastorno, estaban perdidos y a la vez asustados ante el desconocimiento de lo que tienen delante y la forma de afrontarlo, pero sobre todo por el miedo a un futuro muy incierto en el que no sabían qué podría ser de su hijo.

Pasado este momento de silencio, trató de hacerles ver que no podía explicarles mucho mas acerca del tratamiento farmacológico, aclarándoles que en principio podría no ser absolutamente necesario y que, posteriormente, en caso de serlo, debería ir acompañado de otros tipos de tratamientos, como el psicoeducativo, del que tenía algunas nociones pero que creía no ser la persona más adecuada para hablarles de él, aconsejándoles acercarse por alguna asociación que tratara del trastorno que tenía Mario, convencido de que en los últimos años el asociacionismo había ido en aumento consiguiendo, gracias las personas que se unen por tener un mismo problema al que quieren encontrar una solución, avances considerables.

Una cuestión les resultó curiosa a ambos. Sabían, gracias al pediatra, que estaban hablando de un trastorno conocido desde hacía muchos años aunque en realidad para muchos profesionales de diversos ámbitos era un trastorno relativamente poco conocido. Dada la edad del doctor le resultaba curioso que estuviera tan al día, algo que sin haberlo comentado entre ellos les daba cierta seguridad.

Cuando ya estaban a punto de salir descubrieron el origen de su experiencia en el tema que a ellos tanto preocupaba. En un alarde de sinceridad, puesto que en realidad la afinidad con Carmen a la que conocía de toda la vida era grande, les contó algo muy personal. Él tenía un nieto diagnosticado de TDAH y su hijo, el padre del niño nunca había querido medicarlo a pesar de todo lo que él le había explicado siempre desde un punto de vista médico y basado en evidencias científicas, pues si alguien quería realmente a su nieto aparte de sus padres, por supuesto, era él. Pasado un tiempo en esas condiciones, probando incluso algunas alternativas que el tiempo había demostrado totalmente inútiles y que le habían costado bastante dinero, viendo que el niño lejos de mejorar tanto a nivel académico, como social, iba empeorando por momentos, había cedido ante su mujer que, desde el primer momento había creído que lo que explicaba el abuelo tenía su fundamento. El cambio conseguido a raíz de la nueva decisión estaba siendo espectacular, aunque en los primeros días el padre insistía en que los efectos tardaban en producirse, fruto de la poca paciencia, pero sobre todo porque siempre creía estar en posesión de la verdad y la costaba dar su brazo a torcer. Seguramente, gracias al cambio producido en las últimas semanas, probablemente todavía no estuviera todo perdido y pudiera aprobar el curso que estaba haciendo, al menos eso es lo que le habían comentado los profesores del colegio. En este punto coincidían la psicóloga y el logopeda que trabajaban con él en la asociación a la que axistía dos días por semana y en la que trabajaba distintos temas, asegurando que se veía muy favorecido por la situación en que la medicación que estaba tomando el niño le llegaba a poner, ya que se le veía mucho más predispuesto y receptivo ante cualquier actividad a la que se enfrentara, independientemente de que fuera lúdica o de tipo académico.

Tras despedirse de don Tomás, agradeciéndole el trato que les había dispensado, y al cerrarse la puerta, ambos se metieron al ascensor que acababa de subir con un vecino del mismo rellano que ya entraba en su casa. Pedro pulsó el botón que les bajaba a la planta baja, descendiendo ambos igual que dos extraños que dudan entre mirarse a la cara o hacia el suelo, como si entre ellos no existiera un solo argumento de conversación para esos segundos, ni tan siquiera el socorrido del tiempo. Daba la impresión más bien de que entre las sensaciones vividas en el tiempo que había durado la consulta, una montaña rusa de emociones, únicamente salir a la calle y respirar su aire pudiera devolverles la vida que tenían antes de llegar.

Una vez en la acera de la calle, pisando ya el suelo que nos acerca cada vez más a nuestra propia y cruda realidad, comenzaron a caminar unidos de la mano, a la vez que de su propia incertidumbre. El regreso a casa fue bajo el mismo tema de conversación, la enorme duda que se les había planteado desde que el médico les había hablado tan claro sobre la posibilidad de medicar a Mario. Antes habían oído hablar de ello, como cuando escuchas que a cualquiera le ha ocurrido algo, bueno o malo, pero a alguien que te queda lejos, que muchas veces ni siquiera sabes si realmente existe o es un chisme que va de boca en boca, pero no, en esta ocasión no, esta vez la cosa iba con ellos y de qué manera.

Al final decidieron, como siempre bajo la decisión de Carmen, seguir avanzando, aunque esta vez Pedro parecía más convencido que nunca tras la impresión que le había producido la charla con el médico. Ella, al escucharle se encontraba más segura de sí misma y dispuesta a buscar el camino a la solución estuviera donde estuviera, aunque en determinados momentos, le venía a la cabeza la debilidad de espíritu que tenía su marido y lo olvidadizo que era dependiendo de los temas, y esto de Mario no lo llevaba demasiado bien. En cualquier caso, parecía estar muy claro por parte de los dos el siguiente paso a dar.

Lucía Ibáñez (13 años)

CAPÍTULO XIII

Buscando más información

Al día siguiente, nada más marcharse su marido a trabajar, llevó a los críos al colegio como hacía siempre y al poco rato ya estaba de vuelta en casa. Nada más llegar descolgó el teléfono y se dispuso a llamar a Eva una vez más, pero en esta ocasión con una motivación mayor de la habitual, ya que quería contarle el dilema que se les había planteado el día anterior tras la consulta con el médico. Al finalizar colgó el auricular y mientras esperaba la llegada de su cuñada, con la que acaba de quedar, se dispuso a ir haciendo algunas cosas de casa para adelantar algo de lo que le quedaba por hacer.

Pasado poco más de un cuarto de hora sonó el timbre de la calle, sacándola del ensimismamiento en que se encontraba mientras mecánicamente pasaba el cepillo por el salón. Tras los besos de rigor y una vez dentro y con la puerta cerrada comenzaron a charlar.

—¿Ya sabes para qué quería que vinieras? —preguntaba Carmen como si de un misterio se tratase.

—Pues claro. Esperaba tu llamada. Fuisteis mi hermano y tú al médico ayer y no pudimos hablar ya anoche con que no podía ser de otra cosa. ¿He acertado?

—Ya sabes que sí. Estamos bastante preocupados Eva.

—¿Le pasa algo al chico que no sepamos? —cuestionaba la tía de Mario visiblemente preocupada.

—No es eso, es lo que nos ha contado don Tomás, que ha resultado ser el médico de la familia de toda la vida. Nos ha estado contando que tal vez tengamos que darle medicinas para lo que le pasa.

—Pero ¿ya se sabe lo que tiene? Entonces…

—Entonces ¿qué?

—Pues que está claro que sin saber lo que tiene yo no le daría nada. —decía Eva toda convencida.

—Tampoco es exactamente eso mujer.

A partir de este momento Carmen, con sumo cuidado, comenzó a explicarle a su cuñada todo el proceso seguido hasta el momento y cómo había surgido lo de la medicación que tanto miedo les daba y que estaba empezando una vez más a separar a la pareja ahora que parecían empezar a estar más de acuerdo que nunca sobre el crío y su problema. Ella había comenzado ya la noche anterior a buscar información e iba encontrando algunos aspectos positivos que, aunque no superaban a los negativos que veía, parecían ir convenciéndola poco a poco, especialmente aquellos testimonios reales de madres que habían pasado por lo mismo que ahora estaba viviendo por sí misma. Pedro en cambio volvía a estar enrocado en una postura que no conducía a ningún sitio. Por una parte con esa especie de seguridad que en muchas ocasiones da el propio desconocimiento de las cosas y por otra la huida hacia adelante en un tema que para él era especialmente escabroso y en el que se consideraba señalado por los médicos, e incluso inconscientemente llegaba a sentirse en cierto modo culpable.

—La verdad es que no tiene que ser fácil la decisión —comentaba Eva que había seguido atentamente las explicaciones de Carmen—

pero creo que hasta que no te diagnostiquen bien al chico, yo no me lo tomaría tan a pecho. Eso sí, tienes tiempo para pensarlo con mi hermano, mira la parte positiva.

—Eso es verdad, pero me resulta imposible dejar de darle vueltas y además, si en un sentido o en otro estuviéramos los dos de acuerdo... Creo que estoy empezando a perder a Pedro otra vez en esta lucha, con lo que me había costado hacerle ver las cosas.

Tras razonar uno a uno los argumentos de la madre, muchos de ellos contrastados la noche anterior en horas de búsqueda en redes sociales y páginas de asociaciones relacionadas con el trastorno que supuestamente tenía el pequeño, ambas vieron la necesidad de comprobar lo que habían hablado, leído o escuchado con personas de carne y hueso que lo estuvieran viviendo y con alguien que tuviera cierta relevancia en el tema y que pudiera aportar evidencias científicas y no simplemente comentarios subjetivos. A partir de sus reflexiones empezaron a salir nombres y más nombres de personas conocidas, pero ambas decidieron acercarse por la tarde a la asociación que más prestigio parecía tener en la ciudad por parecerles algo más serio y formal, además de darles más seguridad.

Tomaron un cafecillo y, tras repasar después otros temas más mundanos que el que les había llevado a verse en esta mañana, cada una volvió a sus cosas, no sin antes quedar en verse por la tarde tres cuartos de hora antes de la salida de los críos en la entrada del parque para ir juntas a recabar la información necesaria a dicha asociación dándoles tiempo a volver a por ellos al colegio. Además del apoyo moral que supondría no estar sola, la verdad es que ir con Laura bien, pero con Mario que no paraba, no era la mejor forma de poder comentar su problema ni enterarse de las cosas que le fueran a decir. Además los niños que acudían acompañados con sus familias acapararían a los responsables y no podrían atenderles. Había que darse prisa.

El día fue discurriendo a su velocidad habitual, aunque en el interior de la cabeza de Carmen parecía que los segundos se fueran estirando como una goma, porque a ella se le hacían eternos esperando que llegara el momento. Si algo tenía claro es que la carrera de fondo que había empezado tiempo atrás iba a ser así, pero a pesar de saber que una de sus bazas más importantes iba a ser la paciencia, no estaba segura de tener la cantidad suficiente e incluso en los momentos más oportunos, y este era uno de ellos. Pero al final llegó el momento de salir de casa para encontrarse con su cuñada y acercarse a visitar el lugar acordado.

De camino al lugar donde habían quedado las dos seguía dando vueltas a todo lo que en ella bullía desde hacía ya días, aunque hoy especialmente. Cuando dobló la última esquina, vio que a lo lejos ya estaba esperándola Eva que no había perdido el tiempo, pues ya estaba hablando con otra mujer a la que ella no conocía, al menos en la distancia. Una vez junto a ellas, su cuñada hizo las oportunas presentaciones y Carmen, por aquello de decir algo, comentó a dónde iban y por qué muy por encima.

—De eso precisamente estaba hablando con Eva —decía Ana tras haberlas presentado— Mi sobrino estaba como tu hijo y mi hermana fue a la asociación donde vosotras vais y la verdad es que está muy contenta. Eso sí, no ha sido un camino de rosas. Ya lleva desde el curso pasado, creo que empezó a acudir allá por el mes de enero, tras las notas del primer trimestre y viendo todo lo que le decían los profesores, que también es cierto que por lo que siempre me ha contado le han ayudado bastante y siguen haciéndolo, aunque no pueda pretender que se impliquen todos, pero sí una buena mayoría.

La nueva persona a la que acaba de conocer seguía como si le hubieran dado cuerda y Carmen la escuchaba muy atentamente. Cuando se disponía a preguntarle algunas cosas, fue su cuñada la que cortó amablemente el discurso de Ana porque se les estaba haciendo tarde y le explicó que querían llegar antes de que se llenara de críos y familias y no las pudieran atender esa misma tarde. Así pues, mirando el reloj que seguía su paso incansable, se dirigieron al lugar previsto, unas calles más abajo de donde se encontraban.

Ya desde lejos se veía una puerta acristalada llena de carteles que anunciaban las actividades para los niños y algunas otras para padres, tales como charlas, cursos, conferencias, e incluso otras que sobre el tema se organizaban en la ciudad y fuera de ella, además de novedades bibliográficas sobre el trastorno y muchas cosas más. La impresión que se llevaron según fueron acercándose al lugar fue inmejorable.

—¿Has visto cuántas cosas organizan Eva?

—Ya veo, ya. Como el nivel de lo que hacen sea como el de la cantidad de actividades que tienen, creo que hemos llegado al lugar que andábamos buscando — contestaba la cuñada admirada de tanta actividad ofrecida por aquella gente— Entra, a ver qué nos cuentan.

Pulsaron el timbre que daba acceso al local, en aquellos momentos todavía cerrado, y al instante salió a abrirles Fernando, un joven que amablemente les invitó a pasar a un despacho que se encontraba a pocos metros de la entrada. Se sentaron alrededor de una pequeña mesa que contenía algunos libros y diversos papeles y comenzaron a charlar de forma relajada. Él les preguntó, aunque parecía obvio, por el motivo de su visita y Carmen, al principio varias veces puntualizada por su querida cuñada debido, más que al posible nerviosismo, al afán por querer contar todo de manera casi explosiva como si le hubieran dado una pequeña cantidad de tiempo y se le estuviera agotando ya, fue explicando el caso de Mario y la angustia que sentía por todo aquello y lo mal que lo estaba pasando toda la familia.

La conversación fue muy distendida y en ella cada uno explicó su punto de vista. Por una parte, la madre consiguió descargar toda la frustración y la ansiedad que llevaba acumulada hasta ese momento. Por otra, Fernando pudo explicarle todo lo que se hacía en aquel lugar y las posibilidades que tenían de ayudar a su hijo contando con su apoyo, por supuesto. Así pues, Carmen pudo soltar toda la impotencia acumulada desde mucho tiempo atrás al no saber hasta hacía poco lo que podía tener su hijo. Ahora que casi estaba a punto de confirmarlo creía estar ya en el camino correcto hacia su solución tras haber escuchado algunas cosas que el joven les había explicado y que a ella le sonaban un poco a ciencia—ficción, pero si él lo decía y a otros muchos niños, al menos a la mayoría, parecía serles de utilidad para mejorar tanto como parecía...

La verdad es que sus ojillos habían vuelto a tener un brillo, si no especial, sí muy distinto al que tenían desde hacía ya muchos meses. Por su parte, el responsable de aquella asociación les había hablado de esas cosas que habían conseguido sacar de su sopor a Carmen, aunque no entendiera demasiado lo que les contaba de focalizar la atención, algo mejor lo de habilidades sociales y algunas otras cosillas que ella no tenía muy claro porque aquel lenguaje no era el suyo en la mayoría de las cuestiones que les nombraba. La copla con la que se estaba quedando era lo que llegaba a beneficiar a los niños que él llevaba o las compañeras que también trabajaban con él mano a mano y con otros muchos niños, pero había insistido en que, aunque se podrían dar algunos pasos, sería esencial contar con un diagnóstico lo más claro posible para hacer bien su trabajo con Mario y no equivocarse. Esto último se le había quedado grabado y no había podido aclararlo como a ella le habría gustado porque su cuñada miró el reloj en ese momento. Se lo comentaría a ella después.

—Perdonad. Se nos está haciendo tarde para ir a por los niños —interrumpía con delicadeza Eva.

—Es verdad, se me ha pasado tan rápido el tiempo— decía la madre.

—Bueno, no os preocupéis, ya sabéis dónde estamos y lo que hacemos con estos niños.

Un par de besos y salieron rápidamente hacia el colegio donde los niños debían estar a punto de salir y si Laura les daba miedo por lo pequeña, aun así era el bueno de Mario el que realmente les preocupaba, pues dada su impulsividad igual podía estar jugando y correteando por el patio de recreo que atravesando la calle para ver si ya llegaba su madre, con el peligro que tenía todo aquello que sucediera tras atravesar la verja hacia la calle. Al final, cuando estaban cerca pudieron observar para su tranquilidad que Mario estaba jugando dentro del recreo con otros dos niños, mientras que Laura les observaba con una ligera y bonita sonrisa desde una escalera cercana abrazadita a la mochila que tenía sobre sus piernas.

Por fin llegaron hasta la puerta y se disponían a entrar cuando una niña chocaba con Carmen.

—Perdón.

—¿Te has hecho daño guapa? —decía Carmen a la pequeña que acaba de abrir la puerta y salía sin mirar a toda prisa—

—Un poco solo —contestaba mientras se levantaba del suelo y buscaba sus gafitas que aparecían un par de metros más allá en el suelo con un cristal totalmente hecho pedazos y el otro a un palmo del primero pero entero.

—¿Otras vez las gafas? —se oía decir a su madre que salía tras ella al ver que la señora con la que había chocado su hija le estaba ayudando a levantarse.

Belén miraba desde su pequeña estatura, cerca de los brazos que la habían recogido, a su madre que al ver que no se había hecho daño, con cara de pocos amigos mezclada con unas grandes dosis de resignación, pensaba en las gafas que su hija acaba de estrenar hacía tres días, que ahora estaban rotas por el suelo, al igual que los dos pares anteriores y como acabarían las que debería comprarle aquella misma tarde si todavía llegaban a tiempo, porque otra cosa no, pero las gafas eran necesarias para que la pequeña pudiera ver bien en su vida diaria, pero sobre todo en el cole.

María Castillo (14 años)

CAPÍTULO XIV

Aclarando dudas en el parque

A Carmen se le había quedado grabado lo que Fernando había comentado sobre un diagnóstico bien hecho. Una vez en la calle había intentado hablar de ello con Eva, pero las prisas por llegar a por los pequeños se lo habían impedido. Por fin, unos minutos después, mientras volvían para casa, al pasar por el parque decidieron sentarse un rato para que los niños jugaran y se columpiaran un poco, momento que aprovechó para poder abordar el tema a ver si su compañera de fatigas de aquel día, y de tantos otros más, le daba algo de luz en aquello que tanto le preocupaba.

—Ya tenía ganas de parar un momento que vaya tardecita llevamos guapa. ¡No hemos parado ni un segundo!

—La verdad es que tienes razón, entre unas cosas y otras hemos ido toda la tarde corre que te corre— contestaba la cuñada consciente de que así había sido desde que se habían encontrado hacía ya un buen rato en la puerta del parque— Aun así yo creo que ha merecido la pena ¿no te parece? A mí me ha dado muy buena impresión lo que

Fernando nos ha explicado.

—A mí también me ha gustado todo lo que nos ha dicho pero hay una cosa a la que no he parado dar vueltas desde que hemos salido de allí. Por eso tenía tantas ganas de poder hablar contigo tranquilamente, para saber tu opinión—decía por fin la madre mientras con el rabillo del ojo vigilaba a los niños que subían y bajaban del tobogán—

—Y ¿qué es eso que tanto te preocupa?

—Es que este chico ha comentado que sería necesario tener un diagnóstico muy bien hecho de lo que pudiera tener Mario, porque así podría trabajar mejor con él y no cometer errores. Pero si está tan claro. ¿Qué errores se pueden cometer con un niño que no para y al que hay que centrar? Es que yo quiero que trabajen con él cuanto antes y me da la impresión de que ya empezamos como siempre a dar largas al asunto porque alguien tiene que decir de una vez por todas qué es lo que le pasa, pero es que nadie lo dice. Nadie es capaz de mojarse y decir cuál es su problema— comentaba Carmen que poco a poco iba acelerándose y elevando el tono de voz, de manera que cualquiera que pasara cerca de ellas podía pensar que estaban discutiendo.

—Vamos a ver Carmen. Entiendo que estés muy preocupada. No te enfades por lo que te voy a decir. Todos queremos a Mario y buscamos lo mejor para él, pero creo que esto te está afectando demasiado y los nervios que estás haciendo no te dejan ver las cosas con la suficiente claridad. Ya sé que para mí es muy sencillo decirlo, aunque te repito que al crío lo quiero con locura —contestaba Eva tratando de serenar a su cuñada para hacerle ver algunos detalles que ella creía que no había tenido en cuenta.

—Mujer ¿cómo me voy a enfadar contigo? Si no supiera que estás a mi lado como siempre no te habría llamado. Por eso quería tener este pequeño descanso, porque necesito tu opinión sincera. Además yo misma me he dado cuenta de que cuando hablo de este tema y creo que las cosas no avanzan como a mí me gustaría, me ofusco un poco y sé que llego a elevar el tono de voz, pero no me enfado, simplemente es la impotencia que siento cuando veo que las cosas parecen estancadas y que una vez sí, y otra también, tengo la sensación de que todo el mundo a mi alrededor, todas las personas con las que hablo del tema, van ralentizando el proceso. Ya, sé lo que me vas a decir y soy consciente de ello, que desde el principio me dijeron, el primero fue Gregorio el pediatra, que esto sería un camino largo, largo, largo... muy largo. Por eso mismo estoy tratando de tener toda la paciencia del mundo pero me gustaría, aunque solo fuera muy de vez en cuando, poder notar algún pequeño avance y que en algún momento alguien nos dé un pequeño empujón, porque todo parecen buenas palabras pero no veo que avancemos.

—Me alegro —trataba de reconducir Eva una conversación que una vez más iba desviándose hacia la generalidad del problema, intentando dar una solución concreta a lo que en este momento tras la conversación con Fernando a Carmen le preocupaba— Creo que te has liado tú sola. Me está dando la sensación de que piensas que sin ese diagnóstico no van a querer empezar a trabajar con él, y te ha dicho claramente que únicamente lo necesita de momento para poder hacerlo mejor. Por lo tanto, en ese sentido puedes estar muy tranquila porque pueden empezar a ayudarle mañana mismo si tú quieres. ¡Ah! Y no te olvides que ha comentado lo de las charlas y cursos para padres, que nunca viene mal, pues el apoyo y la unión de todos estos casos, como tú me has dicho en determinadas ocasiones, es la clave.

Carmen escuchaba a Eva ahora algo más relajada porque se estaba dando cuenta de que en realidad lo que le estaba diciendo era cierto y que ella misma, probablemente como fruto de las prisas del último momento por ir a buscar a los niños al colegio y del mismo nerviosismo que le creaba una situación como aquella, había escuchado pero no había entendido bien. Con la mirada ahora en el columpio en el que se balanceaba Mario, que parecía también estar meciendo en cierto modo su maltrecho sistema nervioso, escuchaba a su cuñada que seguía tratando de darle más argumentos para tranquilizarla un poco más y hacerle ver que en realidad habían comenzado a avanzar hacía ya mucho tiempo.

—Otra cosa que llevas tiempo haciendo es ir de especialista en especialista, que están mirando a Mario y haciéndole mil cosas. ¿No es así? —Seguía hablando mientras veía que Carmen asentía con su cabeza como si tuviera un muelle— Todo eso que estáis haciendo los dos, aunque ya sé que mi hermano mucho menos porque eres tú la que realmente te estás moviendo, es precisamente para conseguir ese ansiado diagnóstico que Fernando te ha pedido, pero que no ha puesto como condición indispensable para empezar a trabajar, sino simplemente para programar y estructurar lo mejor posible los pasos a dar con el crío.

—La verdad es que visto así tienes razón. ¡Cuánto te agradezco que siempre estés junto a mí! En momentos como estos en que me veo tan presionada por todos los lados, aunque seguramente la presión me la cree yo misma por las circunstancias, cómo se valora tener a alguien como tú que me ayude a ver las cosas mucho más claras.

Por fin Carmen había conseguido serenarse tras la conversación mantenida durante ese pequeño período de tiempo en el parque. Daba la sensación de que todos los astros se habían confabulado para que ese momento pudiera producirse porque se habían dado una serie de circunstancias que no era habitual que coincidieran. Al hecho de que esa tarde no hubiera demasiado jaleo en el lugar, muy importante para poder tener algo de paz, se unía otro no menos importante, impredecible y sobre todo poco común, Mario en todo el tiempo en que habían estado conversando, no había requerido su atención como lo hacía siempre, ya que no había llamado a su madre un número indeterminado de veces, ni había tenido altercado alguno con los pocos niños que por allí jugaban, ni tan siquiera con Laura con la que incluso en varios momentos compartía juegos. Una vez más, como siempre pensaba su madre, era un niño muy especial que en momentos como el que se acaba de producir daba la sensación de que tuviera algo que los demás niños, al menos en su mayoría, no lo tenían. Todo esto la reafirmaba en su lucha, pues tenía totalmente claro que si conseguía ayudarle para enderezar su rumbo logrando que frenase esa impulsividad que a ella tanto le preocupaba y alcanzando un mayor nivel de autocontrol, sería un niño excepcional.

Estaba ensimismada en estos pensamientos cuando miró al cielo y exclamó:

—Creo que está a punto de caer una buena tormenta.

—Pero... ¿qué dices?— Preguntaba Eva atónita ante lo que acaba de escuchar, puesto que, aunque no hacía un día excesivamente bueno, ella miraba y miraba al cielo y no veía ni una nube.

Una buena risotada de Carmen, que por fin se encontraba algo mejor, hizo que su cuñada cayese en la cuenta de que se trataba de alguna broma que ella no había pillado todavía.

—¡Anda boba! Dame un abrazo que veo que te has perdido. Resulta que al darme cuenta de los pocos niños que quedan hoy por el parque, seguramente porque le doy demasiadas vueltas a todo, me ha dado por pensar que igual están en casa haciendo sus deberes. Además, me preocupa especialmente porque no he visto desde que hemos salido del colegio a ningún niño de la clase de Mario.

—¿No crees que eres demasiado quisquillosa? Será una coincidencia, no seas tan mal pensada.

—Bueno, esperemos que así sea, pero por si acaso vámonos ya para casa que tenga poco o mucho, como te decía la tormenta se avecina, que todos los días tenemos la misma pelea con los deberes. A ver si hoy tenemos pocos. Y venga aquí ese abrazo...

Tras fundirse en un abrazo, acompañado de algunas lágrimas que resumían una tarde de apoyo y confidencias, solo faltaba llamar a los pequeños que, como casi siempre al tener que marcharse del parque, remolonearían por arrancar algún minuto más a su ratito de ocio. Una vez con sus mochilas a la espalda comenzaban a caminar hacia la salida donde se despedirían de su tía hasta el día siguiente.

Lina Ibarguen (12 años)

CAPÍTULO XV

Carmen asiste a su primera charla

Había llegado la hora de ir a buscar a los niños al colegio como cada tarde, pero hoy Carmen no tenía prisa. Los días habían ido pasando desde aquella otra tarde en que acompañada de Eva estuvieran en la asociación que se dedicaba a niños que tenían algún tipo de problema, especialmente TDAH, donde el joven llamado Fernando les había explicado cómo trabajaban con los niños que allí acudían. Le habría gustado que la hubiera acompañado Pedro, pero siempre el maldito trabajo. Ella estaba segura de que un poco de tiempo tampoco sería tan complicado sacar, pero ya estaba demasiado resignada y lo que tenía claro es que eso no le iba a impedir seguir su camino.

Ya era la segunda semana en la que Mario asistía para ser ayudado en todos aquellos aspectos en que presentaba alguna dificultad y el problema del diagnóstico que tanto había preocupado a la madre el primer instante, especialmente después de aquella conversación, no había sido tal. Había aportado todos los informes conseguidos hasta el momento, tanto de especialistas como del centro educativo, ayudando a Rosa, la psicóloga de la asociación que se encargaba del niño, que junto con Fernando y el resto del equipo se habían reunido para hacer una valoración provisional del trabajo a realizar hasta que se completara el ansiado diagnóstico.

Carmen, mirándose frente al espejo del baño, una vez pintados labios y ojos además de arreglarse el pelo y perfumarse, trataba de reconocerse en él, ya que no era habitual que lo hiciera en ese momento y menos con tanta tranquilidad. Asistir ella sola invitada a la primera charla desde que Mario asistía a sus sesiones vespertinas, le creaba un cierto nerviosismo que en nada se parecía al que sufría otras tardes. Los problemas habituales que le planteaban cuando iba a buscar a su hijo al salir del colegio o los que se iban creando en el parque le generaban ansiedad, en cambio ahora se sentía mejor consigo misma porque esperaba aprender cosas nuevas. Por fin se encontraba con un nuevo peldaño en la escalera que le ayudaría a subir hasta encontrar el atisbo de solución que iba buscando. A la vuelta, según lo que hubiera visto en ella, trataría una vez más de insistir a su marido en la importancia de ir los dos a la vez en este asunto, pero cada vez tenía más claro que debía seguir su ritmo y que si las cosas iban mejorando, algo en su interior le decía que Pedro al final se uniría en la lucha.

En estos días la ansiedad sufrida en los últimos meses, si no desaparecido, había disminuido considerablemente. Ver a Mario todas las tardes de los últimos días con una mirada distinta ya le liberaba en cierto modo de parte de la angustia que sufría. No es que se produjeran milagros en aquellas sesiones a las que el chico asistía, pero sí que era cierto que entre su asistencia a las mismas y la relación con otros niños con problemas similares que ya antes habían pasado por lo que a él ahora le tocaba pasar, le animaban a conseguir pequeñas metas que antes jamás se habría molestado en intentar. Lo cierto es que las pocas veces que había tenido ocasión de ir aún salía encantado, hablando maravillas de Rosa y de varios niños a los que ella todavía no había conocido, aunque sí a varias madres e incluso un padre que casi siempre iban a buscarles a la salida, pero a los que todavía le costaba relacionar como madre o padre de tal o cual niño.

Una de las anécdotas de los primeros días, aunque Mario sabía que lo que estaba preguntando no era posible, seguramente con la ingenuidad de su corta edad, le llevó a preguntar en casa una noche durante la cena si no sería posible cambiar de colegio, dejando atónitos a los padres y con cara de extrañeza a la pequeña Laura, hasta que pudieron comprobar lo que él pretendía. Aunque él sabía claramente que era su madre la que gestionaba prácticamente en su totalidad todos sus asuntos escolares, curiosamente en aquel caso se dirigió a su padre.

—Oye papá ¿qué hay que hacer para cambiarse de colegio? Porque a mí el mío no me gusta — soltaba sin pensárselo dos veces como si lo llevara pensando mucho tiempo.

—Pues yo no quiero irme a otro colegio — contestaba Laura preocupada por lo que acababa de escuchar decir a su hermano — yo me lo paso muy bien con mis amigas en el recreo.

—Pero ¿a qué fin viene eso ahora Mario? —Decía Pedro a su hijo sin ser consciente de lo que escondía aquella ingenua pregunta que su madre había pillado al vuelo.

—Es que no me gusta ir con la señorita Mayte porque no me quiere y siempre me está renegando aunque yo haga las cosas. Mira, esta tarde Cristian, cuando estábamos haciendo...

—Vamos a ver Mario, ya te dicho muchas veces que a mí tampoco me gusta alguna persona de mi trabajo, y quiera o no tengo que ir todos los días para que al final del mes me paguen y podamos tener en casa dinero para comprar comida, ropa... —trataba de cortar el padre la conversación con una explicación muy poco convincente y tan antigua como los propios dinosaurios.

—Pero papá es que...

—Mario, tú sabes pequeñín que no es que Mayte no te quiera, tal vez es que no entiende cuál es tu problema, pero ella ya es mayor y pronto seguramente tendrá que venir otra profesora u otro profesor nuevo. Igual esos te gustan más porque te entienden mejor —decía su madre para calmarle porque era la que realmente entendía de verdad el problema del niño.

—Jo mamá, es que yo quiero ir todos los días con Rosa. Esa sí que me quiere y además no creas, que me hace trabajar, pero me trata mejor y tiene más paciencia conmigo si me equivoco.

Carmen y Pedro se miraron fijamente sin decir una palabra, bastando esa simple mirada para que el padre entendiera cuál era el problema que tenía su hijo en el colegio y que ella había tratado de explicarle en tantas ocasiones. Tras esa especie de conversación sin palabras, que le recordaba los tiempos en que de novios no era necesario hablar demasiado para entenderse, la madre retomó la conversación para encauzar el tema puesto que se veía claramente que lo que el niño ansiaba era lo que cualquier otro de su edad necesita, que no era otra cosa que sentirse apreciado y valorado. Saber que cada uno tiene sus limitaciones no es un problema, sino que la persona que está junto a nosotros en el momento en que cometemos el error no sepa indicarnos el camino que debemos seguir para salir de él por medio de nuestro esfuerzo.

Cuando ya todo volvió a su cauce pudo seguir la cena familiar. Carmen se quedó con las ganas de explicarle al niño para tranquilizarle que lo de Mayte era ya casi agua pasada, pues según sus cálculos tras aquella conversación que se había producido tiempo atrás con el jefe de estudios en su despacho, era cuestión de días. Ahora solo quedaba cruzar los dedos y esperar que quien la sustituyera supiera hacer mejor su trabajo y se implicara de verdad con los niños, especialmente con Mario y todos aquellos que tenían algún tipo de problema, porque el resto son capaces de trabajar prácticamente con cualquier persona. El toque de humor de todo aquel lío producido por la pregunta del niño, se produjo en el momento que a mitad de explicación de su madre de todo lo que ocurría, Laura, que a pesar de ser muy inteligente, por su edad todavía no comprendía la globalidad del asunto que preocupa a su hermano y por eso cuando ya todo parecía resuelto ella seguía preocupada.

—Entonces ¿no nos vamos a otro colegio?

Así pues, con todo lo ocurrido en los últimos tiempos, Carmen se dispuso a salir de casa para asistir a la charla con un temple especial, el que da estar segura de que se va por el buen camino para conseguir los objetivos fijados. Todo esto era posible además por el gran apoyo que había tenido de Eva desde que habían nacido los niños, pero últimamente más por el tema de Mario, como siempre que surgía algún problema un poco más especial. En situaciones como esta, no solamente es necesario que los padres se sientan apoyados, sino que también es tremendamente importante tener en cuenta algo que parece insignificante y que puede tener una influencia enorme en el desarrollo de los acontecimientos. Se trata del apoyo de la familia extensa como en este caso. En esta ocasión la cuñada, para que Carmen se sintiera más cómoda, iría aquella tarde a buscar a los niños al colegio y se quedaría con ellos, aunque lo que realmente pretendía al actuar así era intentar que la madre se relacionara con gente nueva, con otras familias con problemas similares al suyo, de manera que pudiera tener otras perspectivas de la situación que le ayudaran a ampliar su campo de visión.

Según se iba acercando al local donde estaba prevista la charla ya notaba la presencia de más gente que los días habituales en los que llevaba a Mario para que recibiera sus sesiones. Casi inconscientemente fue aminorando la marcha porque en el fondo le daba algo de vergüenza ya que seguramente no iba a conocer a nadie. Bueno, tal vez tres o cuatro personas con las que había intercambiado alguna pequeña opinión en los pocos días que se había acercado por allí. Unos metros antes de llegar casualmente vio a una de las madres de la que, como del resto, no recordaba el nombre porque probablemente no habían llegado hacer una presentación oficial ya que se conocían a raíz de situaciones creadas por sus hijos concentrándose en dichos momentos en conversar sin llegar a decirse los nombres por las premuras por resolver algún asunto concreto. En realidad habían sido conversaciones muy cortas.

Cuando llegó a la altura de la madre a la que había visto desde lejos, vio como ella también la había reconocido y se acercó a su encuentro con una amplia sonrisa. Al sentirse acogida fue Carmen la que decidió comenzar la conversación recordándole que con los jaleos de las cosas de los críos no habían llegado ni a decirse los nombres, a lo que su interlocutora contestó diciendo que justo eso mismo estaba pensando, coincidiendo en la idea de presentarse para saber al menos como dirigirse la una a la otra. De esta forma fue como conoció a Emilia, Emi como todo el mundo la llamaba cariñosamente, empezando a integrarse mucho más en el grupo de apoyo de aquellos niños y de aquellos profesionales que trabajaban diariamente con ellos con un gran nivel de implicación.

—¿Es la primera es que vienes?

—Sí, hace un par de semanas cuando traje al chico me comento Fernando que de vez en cuando hay este tipo de charlas y la otra tarde, al venir a recogerlo, Rosa me informó de que hoy iban a dar algunas nociones sobre el TDAH que me podían ser útiles.

—No creas que yo llevo demasiado tiempo, unos tres meses, pero también al poco tiempo de venir me informaron de otra en otro lugar y fui, igual que tú, prácticamente sin conocer a nadie por empezar a enterarme de algunas cosillas.

—La verdad es que viene bien ir aprendiendo todo lo relacionado con este trastorno porque ando bastante perdida, porque cada uno te dice una cosa distinta desde su punto de vista, otras veces coinciden en algo, pero a la larga te ves tú sola y no sabes a qué atenerte.

Mientras hablaban de sus problemas cada vez iba llegando más gente y Rebeca, otra de las chicas que trabajaban allí, les iba invitando a entrar a la sala donde tendría lugar la charla. Entre las personas que pasaban por delante de ellas había algunas que Emi conocía y enseguida, tras saludarlas fue presentándoselas, consiguiendo de este modo que Carmen se encontrara más cómoda, y que a la vez fueran ampliando su grupo de conocidos para más adelante.

Mira Carmen, ésta es María. Es la mamá de Pablo, un niño de la edad de Mario al que seguramente habrás visto más de una tarde cuando salen de la sesión.

—Encantada María. La verdad es que casi no conozco a nadie. Sí que es cierto que me suenan algunas caras pero no se relacionarlas todavía ni con el grupo donde está mi hijo ni con las madres y padres que esperan en la puerta, pero supongo que será cuestión de días. Me alegro de conocerte porque te aseguro que tendré muchas cosas que preguntarte de ahora en adelante.

—No te preocupes Carmen, todos al principio pasamos por esa situación que me estás describiendo, pero no creas que ya lo sabemos todo, por eso estamos aquí. Cada día vamos aprendiendo cosas nuevas y siempre es bueno encontrarse con gente que está viviendo las mismas situaciones para comentarlas, compararlas y si es posible entre todos buscar alguna solución.

Poco a poco fueron dejándose engullir por la corriente de padres y madres que avanzaban por aquel pasillo hacia la sala del fondo que era la que solía destinarse para este tipo de actos y que en esta ocasión estaba a rebosar, incluso Fernando que estaba al tanto del número de asistentes, ayudado por un par de padres que estaban cerca de él, tuvo que ir a otra sala contigua para llevar media docena de sillas más por si faltaba alguna en previsión de que pudiera llevar más gente.

Una vez sentados todos los asistentes al acto, y tras esperar unos minutos de cortesía en los que cada uno hablaba con la gente que más cerca tenía creando un pequeño bullicio, aparecieron Fernando, Rosa y Rebeca, acompañados de otra persona desconocida que lógicamente todos dieron por hecho que era el que iba a dar aquella charla, como así fue.

Tras dar Rosa la bienvenida a los asistentes y agradecerles su presencia, valorándola muy especialmente por lo que representaba la unión de tantos padres, como parte de un gran equipo para sacar adelante entre todos a sus hijos e hijas, presentó al ponente al que igualmente agradeció su disposición a colaborar con todos los que allí estaban por el mismo motivo. En este momento tomó la palabra Rubén, presentándose y explicándoles en qué iba a consistir lo que quería contarles. Lo cierto es que esta charla estaba anunciada en varios lugares de la asociación desde hacía ya algunos días, pero en el cartel únicamente habían puesto que iba a tener lugar una charla sobre TDAH a cargo de Rubén González y que, aunque bastantes personas interesadas habían preguntado quién era este señor y si podían concretarles más sobre el contenido de la charla, los organizadores habían tratado de echar balones fuera sobre el primero y no habían dado excesivas pistas tampoco sobre el contenido, simplemente comentando que se trataba de aprender un poco más sobre las cuatro ideas generales del trastorno. Querían que la curiosidad pudiera motivar a las familias para que asistieran y, dada la nutrida asistencia que estaban comprobando, lo habían conseguido con creces.

Cuando el ponente se presentó un murmullo fue recorriendo la sala. No se trataba, como todos habían pensado, de un psicólogo o tal vez un médico, sino que era un simple profesor de secundaria que preocupado por la problemática que estos niños creaban en las aulas, llevaba varios años investigando sobre el tema y que pretendía acercar a los padres su experiencia diaria en el aula. La sorpresa de los asistentes se había producido especialmente porque la inmensa mayoría solían quejarse casi siempre del trato recibido por sus hijos de algunos de los profesores que tenían a diario con ellos. Todos coincidían en que cada día el número de ellos que se implicaban con los alumnos iba en aumento, pero todavía insuficientes porque estos dentro del colectivo general de docentes eran una cantidad demasiado pequeña para arrastrar al resto a cambiar, además de la forma de trabajar con el alumnado, muy especialmente la forma de verlos que es donde realmente radica en la mayoría de los casos el verdadero manejo del trastorno.

Con una sencilla pero agradable y vistosa presentación en Power Point, además de dos vídeos muy cortos, fue dando unas pinceladas muy simples partiendo de la breve historia de un niño y enumerando las características más básicas de los subtipos del trastorno. A Rubén le resultaba curioso ver, como ya le había ocurrido en muchas ocasiones cuando lo habían llamado de otros lugares para hacer lo mismo que esta tarde estaba haciendo allí, las reacciones y los gestos de aquellas personas que lo escuchaban. Veía como algunas personas asentían, otras sonreían e incluso algunas mostraban un gesto como de empezar a soltar alguna pequeña lágrima. Ante esta situación, como hacía siempre, se dirigió a una de las madres que había en mitad de la sala y que tenía una leve sonrisa.

—¿Qué te pasa? ¿Por qué sonríes?

La charla acaba de empezar y comenzaba a tener algo de contenido por lo que la madre no se esperaba una pregunta tan pronto. Se quedó unos segundos dudando qué contestar y al final dio una explicación de aquella sonrisa que varias personas más de la sala entendían perfectamente porque les había ocurrido lo mismo.

—La verdad es que estoy viendo reflejada a mi hija en todo lo que estás diciendo. Es como si hoy hubieras venido a hablarme de ella.

—Me alegro de que así sea y espero poder ayudaros con las cuatro ideas que os pueda contar.

Una vez hecho este pequeño paréntesis, consciente de que estaba en el camino correcto, prosiguió contando muchas más cosas muy interesantes que los asistentes seguían con un interés especial porque no se trataba de escuchar innumerables orientaciones contadas una a una como en una retahíla de guiones de un libro lleno de teoría, sino salpicadas de muchos ejemplos sacados de su experiencia diaria en las aulas, incluso algunos de ellos muy recientes, con un sabor parecido al de aquel pan tierno y caliente que se podía probar al salir del horno del pueblo y que no se parecía a ningún otro.

En más de una ocasión Rubén pedía a los asistentes que preguntaran todas las dudas que tuvieran, pero estaban muy interesados en escucharle y salvo algún pequeño corte a mitad de explicaciones, todos guardaron sus cuestiones para el final. Tras poco más de una hora de exposición se creó una media hora de diálogo y debate del que todos los asistentes pudieron disfrutar saliendo con la sensación de haber aprendido muchas cosas y de que había merecido mucho la pena haberse acercado por allí esa tarde. Antes de despedirse, Rubén dijo que estaría encantado de atenderles en cualquier momento si tenían alguna duda y para ello les pasó su correo electrónico diciéndoles que les ayudaría en aquello que pudiera, siendo consciente de que no tenía por qué saberlo todo sobre el tema y que llegado el caso, si no sabía algo lo diría abiertamente ayudándole a buscar la respuesta que se necesitara en ese caso. De todos modos estaba dispuesto escuchar a quien lo necesitara, aunque solo fuera por el simple hecho de que le contara su problema y pudiera desahogarse, que a veces tiene una gran importancia y puede ser el primer paso en el largo camino para llegar a la solución final.

Isabel Juste (13 años)

CAPÍTULO XVI

La llegada del nuevo profesor

Mario salió corriendo del cole en cuanto vio a su madre que, como siempre, los había ido a buscar. Carmen ya no sabía qué pensar ante esa explosión de... no sabía qué. Llevaba desde el día anterior saboreando el regustillo que le había dejado la charla y sobre todo el rato que había compartido con Rubén donde había aprovechado para exponerle sus casi infinitas dudas. Además, tenía la sensación de que el crío empezaba a cambiar poco a poco. No podía ser que ahora todo se le viniera encima de nuevo. ¿Volver al abismo otra vez? En aquellos segundos pasó de todo por su cabeza. A pesar de que, según se iba acercando a ella, la carita del niño parecía reflejar algo especial, no necesariamente malo, era imposible saber después de tantos meses de sorpresas desagradables y sobre todo de tantas desilusiones lo que podía esperarle.

—Mami, mami...

No le dio tiempo ni a preguntar qué era lo que le pasaba. Con unos ojos abiertos como platos seguía llamando a su madre.

—Mami, mami... se llama Rafa.

—¿Quién se llama Rafa hijo? ¿Tenéis un compañero nuevo? —preguntaba desconcertada pero ya menos preocupada.

—No, el profe nuevo —gritaba con una alegría fuera de lo normal.

Fue entonces cuando ella, que había estado contando los días para que llegara este momento, se dio cuenta que se le había pasado. Trató de no crear demasiadas expectativas al niño tan pronto, aunque se sentía incapaz de reflejar en sus palabras la alegría que sentía en ese momento, no tanto por aquella mujer, a la que no deseaba nada malo, pero a la que se alegraba de perder de vista, sino por la puerta que se abría a la esperanza, ya que por mal que fuera la cosa con el nuevo profesor, era imposible que fuera peor aún.

—Así que ¿tenéis profe nuevo? Me alegro. Tendremos que conocerlo un día de estos.

—Si quieres ahora. Algunas madres ya están hablando con él.

El niño era el más esperanzado con el cambio y pretendía acelerar todo. En el fondo, a su madre le pasaba algo muy parecido, pero la prudencia, sensatez y cordura que Carmen tenía le decían en su fuero interno que no había que precipitarse, que para impulsividad ya tenía bastante en casa con su marido y su hijo. No era cuestión de avasallar al nuevo maestro ni de atosigarle tan pronto, sería mejor pensar un plan de acercamiento para presentarse, conocerle y posteriormente con calma, eso sí, con mucha calma y tacto informarle de la situación de Mario y ofrecerse a ayudarle a conseguir cuantos materiales fueran necesarios para que pudiera hacer todo lo posible por ayudar a su hijo y a cuantos niños pudieran beneficiarse de su trabajo. Estaba convencida de que las cosas iban a mejorar. Algo en su interior se lo decía.

—No cariño. Deja que primero os vaya conociendo a vosotros y un día de estos me acercaré a saludarle y a conocerle.

—Jo, es que la mamá de...

—No Mario. Ya te dicho por qué y sabes que cuando mamá te dice algo debes hacer caso. ¿No es así?

—Bueno, pero pronto ¿vale?

—Sí, cielo, vamos a por Laura que ya está empezando a salir su clase.

Como siempre que ocurrían situaciones de este tipo, a pesar de su impulsividad, por increíble que pudiera parecer, Mario enseguida cedía ante su madre si la veía firme en sus decisiones, sabía que no debía tensar la cuerda de su paciencia porque, aunque tenía mucha, al final siempre salía perdiendo él. Era una lección que había aprendido ya desde muy pequeño. Ambos se dirigieron a por la pequeña, ella caminando despacito, Mario veloz como el rayo.

Los comentarios en los corrillos de madres del curso de Mario que se habían organizado por el recreo tenían un tema en común. Todos comentaban lo que el crío le había dicho a su madre y aunque era un secreto a voces que se tenía que producir, había sido una sorpresa para la mayoría, aunque las caras no parecían de pesar, sino más bien de esperanza ante la novedad.

La cabeza de Carmen ya no paraba de repasar su plan, aquel que había comenzado a gestarse el día en que Manuel, en su despacho, le contara ya tiempo atrás con las todas las debidas reservas que esto debía ocurrir más pronto que tarde.

Nada más entrar en casa, como para que Pedro llegara aún faltaba bastante, enseguida llamó a su aliada en todo tipo de situaciones, su cuñada, para contarle la ansiada y buena noticia. Tras ponerla al corriente de que ya se había producido comenzó a preparar los documentos que hacía tiempo tenía guardados para informar a quien sustituyera a la antigua profesora de lo más importante del TDAH de Mario. Los revisó y volvió a guardarlos en la misma carpeta de donde los había sacado, dejándolos a mano porque ya su momento estaba cercano. Luego, mientras esperaba a su marido, al que tenía que seguir intentando unir a su causa, quería también preparar a su hijo, porque a pesar de ser el destinatario de todo lo que ella tenía previsto hacer, podía ser una pieza fundamental según la impresión que pudiera darle a Rafa. Se disponía a empezar dicha preparación cuando le vino a la mente que, aunque el niño había salido muy contento, no le había preguntado cuánto rato había estado el profesor nuevo con ellos y en realidad, lo que a ella más le interesaba y preocupaba, si había tenido ya tiempo de hacer alguna de las suyas que pudiera dar al traste con el principio de su estrategia. Así que se acercó a los niños que, una vez terminados los deberes, parecían jugar sin discutir hasta ese momento.

—¡Hala que chulo! ¿Qué has hecho Laura? — le preguntaba a la niña teniendo siempre cuidado de no dejarla de lado por las reiteradas llamadas de atención de su hermano que jugaba con bloques de construcciones.

—Mira mamá, yo he hecho este coche de carreras —contestaba Mario, antes de que le preguntara nadie.

—Un momento corazón que me iba a enseñar tu hermana eso tan bonito — decía cariñosamente tratando de hacerle ver que cada uno tiene que tener su tiempo y su espacio.

Una vez más sabía que debía esperar su turno, algo que siempre le había causado problemas en casa y en el cole, pero que cada día iba manejando un poco mejor. Una vez que su hermana le contó a su madre en qué consistía aquella especie de barco que había construido, fue él quien se explayó con su súper coche de carreras que iba a ganar todas en las que participara.

Cuando ya creyó ella haber conseguido crear el clima oportuno para lo que quería hablar con el niño, los tres sentados sobre la alfombra en la que solían jugar, empezó por preguntarle muy sutilmente por el tiempo que había estado Rafa con ellos, tratando de saber de su comportamiento, aunque tenía la esperanza de que no hubiera sido malo puesto que si así hubiera sido no estaría tan entusiasmado y la salida se habría producido de una forma muy distinta. Siempre quedaba la duda de lo que la profesora anterior le hubiera podido contar del crío porque, en principio parecería lógico que ella le pusiera en antecedentes al nuevo, aunque conociéndola tal vez hasta tenían la suerte de que no lo hiciera y Mario pudiera empezar de cero que sería lo que Carmen más desearía.

—El nuevo ha venido casi al final cuando estabamos dibujando —respondía dando un margen que la madre agradecía.

—Entonces ha estado muy poco.

—Sí, pero se ha acercado y me ha dicho que dibujaba muy bien. Mañana te enseño el dibujo que como no lo he terminado lo he dejado en clase —explicaba el niño entusiasmado empujado por haberse sentido animado.

—¡Qué bien! ¡Ah! Yo no me lo pierdo, lo quiero ver cuando lo tengas hecho.

—Vale y ¿sabes una cosa?

—Dime hijo.

—Yo creo que Rafa me quiere, porque me ha puesto su mano en el hombro cuando estaba diciéndome lo del dibujo y me ha dicho que así había que trabajar siempre. Mayte nunca me lo dice.

Carmen, desde la ternura de una madre, notaba como las lágrimas pugnaban por salir de sus ojos. Trataba de contenerlas, pero a cada palabra del niño le costaba más. Escuchar a su hijo hablar de esta manera sobre sus sentimientos le estaba rompiendo el alma a trocitos, aunque ella no sabía si realmente era por todo lo que sabía que había pasado o porque miraba al futuro y veía las cosas de otro color. Pensar que en pocos minutos una persona nueva, que acabar de llegar, había conseguido hacer que su hijo se sintiera querido por el simple hecho de acercarse a él, apoyarse sobre su hombro y valorar un poco su trabajo resultaba increíble. Comprobaba que las necesidades de su hijo eran muy simples, necesitaba cariño como cualquier persona y si lo había detectado en este nuevo profesor en pocos minutos, era posible que se encontrara a partir de ahora con el camino que todos necesitaban. Así pues, habría que pensar a partir de este momento que las cosas podrían cambiar a mejor, por lo que sería importante acercarse a conocerlo lo antes posible.

En el tiempo que estuvo con sus hijos, la madre aprovechó para recordarle a Mario que era un niño muy inteligente que enseguida entendía todo lo que le explicaban, pero que lo verdaderamente importante ahora era que el nuevo profesor desde el primer día se diera cuenta de que era sobre todo una buena persona. De este modo trataba de inculcarle que debía intentar con todas sus fuerzas comportarse lo mejor posible para que Rafa pudiera comprobar por él mismo que tenían delante a un niño bueno y con ganas de trabajar a pesar de sus dificultades, y que por muchas cosas que le hubiera contado la antigua profesora, pudiera forjarse una imagen real al tratar con Mario a diario y comprobar su forma de ser y de actuar, tanto con el mismo profesor como con cada uno de sus compañeros en particular y con el grupo en general.

El niño miraba atentamente a su madre y parecía asimilar cada una de las palabras que le escuchaba decir, una a una, como si su futuro personal y académico dependiera de aquella conversación que estaban manteniendo. La escena era especialmente curiosa. Una alfombra llena de juguetes de infinidad de colores, una madre hablando con sus dos hijos mientras uno de ellos mantenía una seria conversación a pesar de su corta edad. Ante ellos una niña más pequeña que miraba embelesada tratando de entender todo lo que su madre estaba explicando a su hermano mayor al que observaba con admiración y respeto, porque para eso era el mayor y estaban conversando con unas palabras y unas frases que para ella, desde su corta edad, le parecían de adulto.

Ahora llegaba el momento de dar el siguiente paso una vez solucionado el primero que ella consideraba imprescindible, esperando que diera su resultado, aunque tenía más que claro que podría ocurrir cualquier cosa a pesar de que confiaba plenamente en la capacidad del niño y de su responsabilidad cuando le encargaba algo, pero una vez en el colegio eran demasiadas horas para predecir que estando él solo respondiera al cien por cien teniendo en cuenta esa impulsividad que no dejaba vivir en algunos momentos.

Tratando de dar algo de responsabilidad y protagonismo a Mario, poco antes de cenar, se dirigió al salón desde la cocina donde estaba preparando el pescado y una ensalada que iba a darles, por parecerle un lugar más formal que entre sartenes y armarios, y desde allí llamó al niño.

—He pensado, Mario, que mañana cuando vayas al cole le vas a dar esta nota que he escrito para Rafa. En ella simplemente le explico que quiero hablar con él cuando pueda para poder contarle cómo eres y que necesitamos que nos ayude para que empieces a ir mejor. Porque hemos quedado que tu comportamiento va a ser mejor ¿no? —Preguntaba la madre mirando fijamente al pequeño con una mirada mezcla de cariño y exigencia.

—Si, mamá. Ya sabes que yo siempre quiero portarme bien, lo que pasa es que a veces...

—Ya lo sé cariño, dame tu agenda para meter ahí esta nota y que no se te olvide dársela en cuanto llegues a clase mañana.

—No te preocupes que no se me va a olvidar— afirmaba el niño con toda la seguridad del mundo, consciente de que el cariño que le había mostrado en tan poco tiempo el nuevo profesor le iba a servir de motivación para acordarse.

—Estoy seguro de que te acordarás hijo mío, no tengo ninguna duda.

La madre sabía que esta vez el niño entregaría la nota que le acababa de meter en su agenda nada más llegar a clase a la mañana siguiente, pues la alegría con la que había recibido Mario al nuevo profesor, simplemente por fijarse en él y animarle en su trabajo había sido providencial, consiguiendo un aumento considerable de una autoestima que tenía muy bajita desde hacía ya demasiado tiempo. Todavía con la sonrisa de su hijo grabada junto a la carita de asombro de Laura se dirigió otra vez a la cocina para terminar de preparar la cena porque ya era hora y le gustaba que siempre se acostaran a una hora prudente. Unos minutos después, recién llegado Pedro a casa y tras el acostumbrado recibimiento, se oían las palabras mágicas que provocaban en ambos niños gritos y carreras por el pasillo, camino del baño, para ver quién se lavaba primero las manos.

—A cenar…

Raúl Tenorio (14 años)

CAPÍTULO XVII

La carta inesperada

Estaba Carmen tranquilamente sentada en su cocina tomándose un café al que había echado simplemente una pequeña nube de leche pensando, como no, en los acontecimientos que se estaban produciendo en los últimos días en la vida de su pequeño. Muy lentamente iba comprobando algún pequeño cambio que le hacía albergar esperanzas de cara a un futuro a corto plazo debido a la nueva situación que estaba viviendo, especialmente en el colegio, y ayudado por el trabajo que estaba llevando a cabo en la asociación a la que asistía varias tardes a la semana. Saboreaba ese aroma que tanto le gustaba del café recién hecho que en ese momento llenaba el lugar en el que se encontraba mientras en sus pensamientos comenzaba a percibir algunos colores que últimamente casi no sabía ni que existían, cuando el timbre de la puerta de abajo, el de la calle, la sacó de su ensimismamiento.

—¿Sí?

—Carteroooo.

Sin pensárselo dos veces pulsó a fondo la tecla que permitía abrir la puerta, escuchando el ruido ya conocido del mecanismo que la accionaba seguido de un clic que indicaba que la persona que había llamado había conseguido franquearla, seguido de la palabra gracias pronunciada por el funcionario de correos mientras entraba en el portal para depositar las cartas a sus vecinos del bloque. A ella en principio no le extrañó lo más mínimo que llamara en su timbre, puesto que el cartero solía llamar al azar en el primer pulsador que le venía a mano, incluso a veces lo hacía en dos o tres, puesto que lo que él quería era no perder tiempo y si en una casa no estaban, siempre le abrían en otra y no tenía que estar esperando tanto. Pasados unos minutos empezó a darle vueltas a su cabeza, a la que en los últimos meses no dejaba parar ni un instante, forjando en ella una idea que, aunque no creía que fuera posible en ese momento puesto que ella esperaba que se produjera mucho más tarde, no le importaría nada que se convirtiera en realidad.

Llevaba demasiado tiempo ansiando que llegara la citación del facultativo que debería darle el esperado diagnóstico de Mario. De repente se dio cuenta que casi instintivamente se había vuelto a poner la ropa que minutos antes se había quitado para estar más cómoda por casa, al llegar de dejar a los niños en el colegio. Así que, preparándose ella misma por si no era lo que esperaba y autoconvenciéndose de que seguramente sería algún recibo de los que estaban por llegar en esos días del mes, se lanzó a toda prisa escaleras abajo, sin ni siquiera perder tiempo en llamar al ascensor.

Al llegar al rellano del portal, se acercó a la pared donde estaban los buzones y casi de reojo miró por los agujeritos del suyo. Allí había algo y no era publicidad, era un sobre blanco, al menos eso parecía. Con mucho sigilo y con toda la prudencia necesaria para no pisotear una ilusión, introdujo la pequeña llave que llevaba en la mano en la cerradura, como a cámara lenta, mientras trataba de convencerse de que sería el recibo de la luz, del gas o cualquier otro parecido. Sería demasiada suerte que fuera el sobre que tantas ganas tenía de tener entre sus manos y pensó que, aunque nada le gustaría más en este momento, no podía quejarse en absoluto al menos en las últimas semanas de cómo iban saliendo las cosas con Mario y, en consecuencia, también a nivel familiar, e incluso de pareja, aunque seguía con su lucha particular por atraer a su causa a Pedro, y eso que en los últimos días, seguramente por el mejor ambiente que se respiraba en casa, parecía bastante más receptivo y probablemente podría ser cuestión de días que formara parte de su equipo.

Al comenzar a bajar milímetro a milímetro la puerta metálica del buzón pudo contemplar cómo iba apareciendo ante ella el sobre blanco. Aunque en un primer momento se desilusionó un poco porque en su parte trasera, que es la que se veía nada más abrir, no ponía nada, al darle la vuelta para llevárselo con cierta desgana, sus ojos comenzaron a brillar como si hubiera visto el número gordo de lotería de Navidad ante ella. Mientras giraba la llave con la mano derecha para cerrar el cofre del tesoro donde había encontrado el soñado botín, con la izquierda y apretando fuertemente el sobre con el puño medio cerrado ahogaba un pequeño grito.

—¡Bien! Lo he conseguido, ya lo tengo.

Enseguida, antes de pulsar el botón del ascensor para subir a casa, comenzó a abrir el sobre en el que supuestamente esperaba encontrar la fecha en la que debería ir al médico que le daría el diagnóstico que tantas ganas tenía de ver en sus manos. Aunque pensó que probablemente la citación pudiera ser todavía para dentro de algunos meses, tal vez dos o tres, creyó que el recibirla ya era importante. Una vez abierto el sobre, pulsó distraídamente el botón del ascensor y seguidamente desplegó el papel comprobando que era lo que ella esperaba, pero sorprendiéndose nuevamente y pensando que la suerte se había aliado con ella una vez más porque la citaban para el día veintidós del mismo mes en el que estaba y, si no estaba equivocada, solo faltaban diez días porque era ya doce. Entró en el ascensor, subió de nuevo a casa y mientras ponía una nueva cafetera, llamó para darle la buena noticia a la persona que últimamente siempre estaba a su lado, Eva.

No habían pasado más que unos cuantos minutos y volvió a sonar el timbre al que contestó rápidamente sabiendo que se trataba de su cuñada. ¡Cómo no! Una vez más había dejado todo para seguir apoyando a Carmen como siempre lo había hecho, aunque en realidad esta vez era simplemente porque viera que seguía con ella, porque realmente lo importante sería el diagnóstico y no ese simple sobre que únicamente señalaba una fecha, aunque ella entendía que para todo el núcleo familiar de su hermano a partir de aquel día podía haber un antes y un después.

Al salir del ascensor ya vio que la esperaba con la puerta abierta y una sonrisa de oreja a oreja acompañada de alguna pequeña lagrimilla de emoción que se le estaba escapando.

—¡Hala mujer! Que tampoco es para llorar, aunque sabiendo lo que estás sufriendo con este tema la verdad es que te entiendo, pero creo que aunque el camino sea tan largo como te dijeron desde el primer momento, a partir de ahora ya va siendo hora de que además de sufrir por tu hijo, porque ya me dirás qué madre no lo hace, debes empezar a sonreír cada día un poco más, porque seguramente por todo lo que sabemos sobre el tema, si este señor te da el esperado diagnóstico, con él supongo yo que será mucho más fácil y que alguna puerta más se nos abrirá hacia la esperanza.

—Jo guapa, lo he pasado tan mal que con cualquier pequeño detalle, y eso que no quiero decir que este sea pequeño precisamente, me hundo enseguida si es negativo, pero si es positivo rápidamente me veo en una nube. La verdad es que estoy pasando por una montaña rusa de emociones que me deja agotada, incluso llego a pensar que no es demasiado bueno todo esto para mí. Tal vez cuando lo de Mario empiece a centrarse sea bueno que yo vaya a pedir ayuda en algún momento a algún profesional porque veo que no estoy bien, esto me está pasando factura, lo noto día a día.

Esto último que estaba comentando Carmen a su cuñada reflejaba lo que le pasaba muchos días, en muchos momentos y que cualquier persona ajena al problema ni tan siquiera podía imaginarse una mínima parte. Eva la escuchaba consciente de que ella misma, aun a pesar de estar con ellos en muchos momentos, incluso cuando se quedaba a su cuidado, solo conocía la punta del iceberg.

—Mira, no te imaginas lo que es esto. Veinticuatro horas con ellos, a veces llega a ser de lo más estresante. Hay ocasiones que me veo incapaz de seguir, creo que no va a ser posible.

—Pero Laura no da mal mujer.

—No creas, porque al estar con su hermano, a pesar de ser una cría muy buena, no deja de ser una niña todavía y a veces le imita, otras Mario consigue enfadarla y hay momentos en que se alían y no veas las que se forman. No quiero ni pensar en qué pasaría si los dos fueran iguales.

—¿Ves? Acabas de encontrar la parte positiva del asunto.

—Sí, claro, por sacar algo bueno sí, pero el día a día es la realidad, no un tema filosófico. Por mucho que quieras sacarle esa parte positiva, al final no te imaginas lo que es vivirlo una sola, porque la cruda realidad es que cuando viene Pedro a casa, la mayor parte del trabajo está hecha, aparte, ya sabes cómo van las cosas con él en este asunto.

Eva veía que a pesar de tratar de darle ánimos y de hacerle ver alguna cosa buena en todo el asunto, la madre de los niños, una vez más, como ya había pasado en tantas ocasiones se estaba empezando a acelerar porque se veía metida de lleno en lo que le preocupaba y trataba una vez más de hacer entender a quien le permitía explayarse, lo que ella estaba sufriendo con esa situación, con unos hijos a los que quería con locura, un amor sin límites como el verdadero amor de madre, pero que eso no podía esconder ni los problemas que creaban en casa los críos ni la situación emocional en la que se encontraba, empezando ya a encontrarse al límite, al menos eso creía ella cada vez que se paraba a pensarlo.

—Nadie se puede imaginar lo que es de no vivirlo. Esas peleas inacabables con su hermana por cualquier cosa. La gente, ya sabes, que si serán celos, que si esto que si lo otro, los que te dicen eso no tienen ni idea de lo que están diciendo.

—Pero supongo Carmen que lo dicen por ayudar, con la mejor intención.

—Que sí, que no lo dudo, pero la mejor forma de ayudar es callándose.

La cuñada estaba teniendo serios problemas para reconducir la conversación a un plano más positivo y tratar de conseguir que la madre se relajara un poco. No le parecía bien que metiera al mismo saco a todo el mundo que se acercaba a Carmen y trataba de animarla. De acuerdo que hay gente que, víctima de su propia ignorancia, se mete donde no la llaman y suele decir cosas que lejos de ayudar, suelen estropearlo más todo, pero no son la mayoría.

—Luego… la pequeña es eso, pequeña y siempre está que lo quiere hacer todo ella. Siempre yo, yo, yo… y claro su hermano dice que él también y ya la tenemos liada de nuevo. Yo te aseguro que los quiero mucho, ya lo sabes, pero hay veces que se me van los nervios y les grito. Sé que no lo debería hacer pero es que no puedo más. Después me arrepiento y me digo a mí misma que la próxima vez no me puede volver a pasar, pero me pasa la siguiente y las que vienen tras ellas. No creas, a veces me echo a la cama y me echo mis lloros de impotencia, de angustia, de pena, tengo unas ganas de que esto mejore algún día…

Eva, una vez más se veía envuelta en una de aquellas tormentas emocionales que desplegaba Carmen con tanta rapidez como fuerza. En su fuero interno estaba pensando cómo volver a pararla y animarla y al recordar para qué había ido a verla esa mañana tuvo ante sí la respuesta.

—Carmen, que he venido a verte porque ha llegado ese sobre tan importante ¿recuerdas? Para vivir hay que recordar algunas cosas del pasado que nos ayuden a mejorar, pero también para que nos relancen hacía el futuro y el tuyo y el de todos va a mejorar, ya lo verás, poco a poco pero va a mejorar. Así que ya vale de darle vueltas.

No se acabará lo que me has estado contando pero se irá disolviendo poco a poco entre tu trabajo, vuestro trabajo y el de todos los que estamos a vuestro lado, ayudado por el tiempo que también hará que el crecimiento de los niños haga que vayan madurando.

A raíz de este comentario, la conversación volvió al origen, ese sobre que con una sola fecha, además cercana, había hecho asomar a la madre de los niños sonrisas, a la vez que algunas lágrimas de emoción. Con el ambiente ya algo más relajado volvió a reinar el aroma del café y su sabor fue el protagonista del siguiente comentario.

Gabriel Galán (9 años)

CAPÍTULO XVIII

Entrevista con Rafa

Como era de esperar Mario no se olvidó esta vez de lo que su madre le había encargado, y un par de días después el nuevo profesor la recibía al salir de clase por la tarde tal y como le había indicado contestándole en la misma nota que ella le había enviado.

Al llegar la hora de ir a buscar a los niños, se arregló como de costumbre, y se dirigió hacia el colegio. En esta ocasión iba ella sola puesto que no necesitaba que nadie se quedara con los niños ya que mientras ella hablaba con Rafa, estarían por allí. Mario, con un interés inusitado que en casa jamás habían apreciado cuando del colegio se trataba, si el docente recién llegado lo creía oportuno permanecería con ellos, mientras que la pequeña Laura, conociéndola, seguro que entraría en algún lugar para hacer alguna cosa de sus deberes o simplemente dibujar.

Cuando ella llegaba a la puerta del colegio ya empezaban a salir algunos de los cursos de los más pequeños con sus profesoras ya que tenían la precaución de evitar en lo posible la coincidencia con los más mayores. Entró en el recinto escolar y se dirigió al lugar por el que salía habitualmente Mario y en el que había indicado a Laura que le esperaría. Un par de minutos después veía el grupo de su hijo y a él con una amplia sonrisa puesto que el niño también tenía depositadas sus esperanzas en la entrevista que se iba a producir, aunque no supiera expresarlo con palabras. Se adelantó y espero a que los niños fueran con sus madres y algunos padres que les salían al encuentro, además de hacer tiempo porque antes de llevarse a sus hijos, algunas personas se acercaban a él para consultarles alguna cuestión. Viendo que por fin lo dejaban solo se dirigió hacia él, comprobando por su ligera sonrisa que se trataba de la madre de Mario con la que había quedado a esa hora.

—La madre de Mario, supongo.

—Así es, encantada— decía la madre mientras le alargaba su mano derecha para saludarle.

—Igualmente— contestaba el docente acercándose para dar un par de besos, dando así algo más de confianza a la madre y mostrando su cercanía. —Bueno, vamos a un despacho donde estaremos más cómodos para poder hablar del chico.

Carmen llamó a sus pequeños que estaban a escasos metros jugando y siguiendo a Rafa se adentraron en el edificio. Tras avanzar por aquel pasillo que a ella le traía no muy gratos recuerdos, abrió la puerta de un despacho bastante amplio y les invitó a entrar. Una vez allí habló un momento con los niños y les pidió que pasaran a una sala contigua a la que accedía por una puerta que había en el lateral del despacho y que servía habitualmente para reuniones cuando se juntaban un grupo de profesores.

—Aquí podéis dibujar un poco o ir haciendo algo de deberes mientras hablo un momento a solas con mamá. No será mucho tiempo, además también me gustaría luego hablar con vosotros, especialmente contigo Mario.

Tras ver cómo ambos sacaban sus cositas de la mochila y se disponían cada uno en su lugar, entornó la puerta y volvió sobre sus pasos al despacho donde esperaba Carmen. En un primer momento, para romper el hielo, el joven le comentó un poco por encima como había llegado hasta ese lugar y poco a poco fue explicándole cómo había visto a Mario, tanto a nivel personal, como dentro del grupo al que pertenecía. La visión que él tenía del niño no era tan negativa como la que la madre esperaba escuchar. Ella temía que las referencias de la profesora anterior hubieran sido negativas y que el comportamiento de su hijo en el poco tiempo que había estado con él pudiera tal vez no haber ayudado demasiado tampoco.

Rafa, a pesar de no tener una gran experiencia, rápidamente se había dado cuenta de que al niño le pasaba algo y cayó en la cuenta enseguida de que se trataba de algún problema con su atención, a la vez que había comprobado que le costaba muchísimo permanecer sentado incluso periodos de tiempo muy cortos. Mayte había dejado escritas algunas referencias sobre los niños y, por lo que pudo deducir Carmen de las palabras que estaba escuchando las que había hecho sobre su hijo no debían ser tan negativas como ella pensaba, aunque tal vez tenía una explicación. No era lo mismo tratar al niño a diario teniéndola delante, que escribir lo que pensaba más fríamente al no tenerlo frente a ella, sobre todo si a lo mejor lo había escrito en su casa. En cuanto al comportamiento del niño, por lo que comentaba el profesor, había mejorado ostensiblemente en los últimos días, fruto probablemente de sentirse mejor atendido y, como el niño pensaba desde el primer momento, mucho más querido.

A la madre, además de comprobar que las cosas parecían ir mejor con la nueva persona a cargo del niño, lo que más le gustó desde el primer momento fue su franqueza, llegando al límite de su sinceridad al decirle que realmente tras observar a Mario, preguntar por ahí y tratar de informarse, era consciente de que no sabía mucho del trastorno que le habían dicho que podría tener el niño y que su madre le estaba confirmando, se trataba de un claro caso de TDAH, seguramente del subtipo denominado combinado por tener déficit de atención y a la vez hiperactividad e impulsividad.

Lejos de desanimarse, esas palabras del docente eran las que Carmen quería oír. No se trataba de que su hijo estuviera en clase en manos de un experto, un especialista en el trastorno que le supiera tratar de maravilla. Bueno, para qué engañarse, eso es lo que le hubiera gustado a ella y a cualquier madre en su situación, pero dadas las circunstancias del trastorno en la escuela actual, en la que todavía no es conocido ni reconocido por todos, aunque vaya avanzando el número de profesionales que van asumiendo su existencia y la forma de enfrentarse a él, encontrarse con un maestro con ganas de aprender, que se molestara en buscar, investigar y que, por lo que se desprendía de sus palabras, podía ser una bendición. Así que aprovechó el momento para ofrecerse a echarle una mano aportándole toda la información que pudiera necesitar, además de explicarle de palabra cómo son estos niños en general, y Mario en particular, sabiendo, eso sí, que como con todo, cada niño es un mundo y no hay dos iguales, ni tan siquiera parecidos.

—¡Cuánto me alegro de escucharte!

—La verdad es que a mí me tranquiliza un montón que me digas eso. —contestaba Rafa con una expresión que reflejaba la tranquilidad que le acaba de transmitir la madre.

—Es que cuando uno quiere, puede y me lo demuestras con tu sinceridad y tus ganas de hacer las cosas mejor con mi hijo. Estos niños, claro que necesitan que las personas que están con ellos conozcan qué es eso del TDAH, pero lo primero que necesitan es gente que quiera ayudarles y los trate bien, que se preocupen por ellos, y tú lo estás haciendo desde el primer momento, no te imaginas cómo vino el chiquillo a casa cuando apareciste el primer día en su clase. Y solo por haberle dicho que estaba trabajando bien y ponerle tu mano en el hombro. ¿Te das cuenta lo poco que necesitan para sentirse mejor? A partir de esa base tan sencilla, con un poco de humanidad y cariño, el resto será mucho más fácil, aunque claro que costará.

Rafa escuchaba con los ojos como platos porque, aunque intuía que al crío le había caído bien, no tenía ni la menor idea de cuándo se había producido esa especie de momento mágico y al enterarse de qué forma tan simple había tenido lugar se había dado cuenta de lo sencillo que era trabajar por este tipo de niños, aunque tenía claro que no sería todo siempre tan fácil y se repetía para sí que en la vida las cosas importantes siempre se consiguen con esfuerzo y esta era una de ellas.

Así pues, aceptó gustoso todo lo que la madre le pudiera ofrecer para ayudar a su hijo y a otros alumnos que pudieran necesitar ese apoyo, aunque decidieron que poco a poco porque lo que quería Rafa era comenzar sabiendo en qué consistía el trastorno del que le hablaba la madre y sin prisa, pero sin pausa, ir conociendo estrategias para poder tratar mejor a Mario. Nada más darle algunas cosas básicas que ya había llevado Carmen preparadas, ambos se despidieron con un par de besos y una sonrisa que denotaba la satisfacción con que ambos habían empezado a resolver el mismo problema pero desde distinto ángulo, algo clave para el niño.

Pasados algunos días, la madre le iba llevando a la salida al profesor algunas cosas nuevas, pocas pero bien organizadas para que fuera metiéndose en el tema sin agobios, aunque él seguía por su cuenta en casa investigando en la red, además de darse algún que otro paseo por las librerías especializadas tratando de meterse más de lleno en un tema que le había enganchado pero ¡de qué manera!

Erik Adam Johnston (15 años)

CAPÍTULO XIX

Las cosas van cambiando

Por fin llegó el día que marcaba la citación y, aunque estaba segura de iba a escuchar lo que ya suponía y que saldría de allí con documentos que acreditarían lo que su hijo tenía, se acercó al hospital con sus precauciones, esas que todos tenemos ante algo que no puede ser de otro modo pero que, escarmentados por las circunstancias de la vida, queremos comprobar por nosotros mismos.

Una vez en la puerta de la consulta, se vio obligada a esperar algunos minutos, pocos, pero en cualquier caso insignificantes con la espera que llevaba ya a sus espaldas desde que comenzara toda la historia con Mario. Aun así la impaciencia se le notaba en su cara. Por fin oyó su nombre indicándole que podía pasar al interior de la consulta. Tras esa puerta estaba lo que tanto tiempo había estado esperando.

Pasó, saludó al médico que atentamente la recibió a distancia desde su mesa con un leve gesto de su mano derecha indicándole que pasara y que se sentara y esperó unos segundos mientras tecleaba algo en el ordenador y apuntaba en su agenda. A continuación, muy amable, pero como con prisa, le aclaró lo que ella ya sabía pero confirmándole el diagnóstico y aclarándole que era como ella espera, tras lo leído y la información recibida en la charla y la asociación a la que asistía Marío, un caso de TDAH del subtipo combinado. Le dio algunas pautas y quedaron en verse pasados unos días con el niño para ver si era preciso ponerle algún tipo de medicación, algo que no le pilló de sorpresa.

En esta ocasión, a pesar de haber oído lo de la posible medicación, salió animada porque suponiendo que llegara a ser necesaria, se había informado muy bien con profesionales que sabían del tema y que basaban sus afirmaciones en artículos e investigaciones que conocían de revistas científicas, algunas de las cuales le habían prestado y ya no le asustaba porque había llegado a entender cómo funcionaba todo aquello. En todo este tiempo de lucha había conocido familias en las que sus progenitores se arrepentían de no haber hecho caso a sus médicos, aunque ahora que se decidían, la escolaridad de sus hijos estaba ya por los suelos, sin embargo siempre en la vida de un niño hay algo que reparar y su existencia es algo más que los estudios que, sin dejar de ser importantes para su futuro, no son lo más trascendental.

Camino de casa iba revisando mentalmente la situación y hacía balance de los últimos tiempos. No se trataba de fijarse en la situación actual del niño y de todo lo que le rodeaba, el colegio, los compañeros, su familia, su hermana... sino en la diferencia entre el día que empezó a notar que algo ocurría y hoy. Ahora sí que veía que había mejorado todo y que había merecido la pena trabajar para conseguirlo, además estos avances iban a ser los primeros, estaba firmemente convencida.

En su repaso seguía viendo luces, cada día más, aunque algunas muy tenues todavía, pero a la vez también existían algunas sombras. Recordaba sus penurias en la escuela desde hacía ya tiempo, pero especialmente con aquella profesora ya jubilada que tanto daño había hecho en la autoestima de su hijo que nunca había sido muy alta. En este aspecto también ahí veía que había mejorado con el cambio al nuevo profesor. Ella sabía que lo más importante en este caso son las ganas de aprender, de implicarse y ver a cada alumno con un nuevo reto en su profesión, en su camino de docente y estaba comprobando que Rafa las tenía, aunque debido a lo mal que lo había pasado estaba todavía muy resentida con muchas cosas y seguramente, aunque se había relajado mucho en el tema escolar y confiaba en que esta vez iba a ser distinto por lo que estaba viendo desde su llegada, no estaba dispuesta a despistarse, por lo que seguiría siempre atenta a cualquier cambio que pudiera producirse aunque confiaba en que no fuera para peor.

Así pues, haciendo mentalmente y casi por inercia este balance de la situación desde sus comienzos, aparecía el apoyo conseguido de los chicos de la asociación a la que acudía Mario algunas las tardes, unos profesionales muy cercanos que le habían aportado entre otras cosas, seguridad a ella misma, además de proporcionarle mucha información, tanto personalmente como a través de las actividades que realizaban continuamente.

También valoraba a su cuñada, esa mujer que era más que cuñada una hermana, ese apoyo tanto físico, como moral o emocional, sin la cual habría sido casi imposible salir del agujero donde ella se encontraba, al menos eso creía, a pesar de que Eva le repetía una y otra vez que no era para tanto, quitando hierro al asunto. Carmen, por las conversaciones con otras madres afectadas, sabía de la importancia de tener un ángel de la guarda de ese tipo. La suerte que tenía con esta especie de hermana apegada, como ella solía decirle cariñosamente, otras la tenían en la persona de una madre, suegra, prima o cualquier otro miembro de lo que ella había oído denominar la familia extensa, aunque algunas conocidas suyas hablaban incluso de vecinas que se desvivían por echar esa mano tan necesaria y que no todo el mundo está dispuesto a hacer por lo incómodo de la situación en muchas ocasiones.

Seguía contenta porque tenía en su mano el ansiado diagnóstico, al que miraba y remiraba pero ahora ¿qué? De repente se sentía como el niño que ansía el juguete del escaparate y que meses después de pasar a diario frente a él por fin un día consigue que sus padres se lo compren y logra tenerlo en sus manos. A partir de ese momento pierde el interés y a veces incluso termina arrinconándolo. Este no iba a ser el caso porque sabía que tendría una cierta utilidad. Si era sincera consigo misma sabía que no iba precisamente a abrirle todas las puertas como parecía creer Eva y así se lo había dicho en alguna ocasión. Algunas madres habían comprobado por sí mismas que en ciertos casos no había servido de nada. Recordaba el de una madre, a la que había conocido en la asociación, que contaba cómo el profesor de su hija había despreciado el papel que ella le había llevado para que supiera lo que la pequeña tenía. ¿Cómo podía ni siquiera dudar de un documento escrito y firmado por un profesional después de hacer un estudio de la niña? Era increíble pero era la cruda realidad. Sabía que no era lo habitual, que la mayoría no hacía eso, pero sí más de los deseables, e incluso otros con una mano lo recibían y con la otra mientras esbozaban una hipócrita sonrisa, lo abandonaban en el baúl de los recuerdos.

Una musiquilla procedente de una tienda de ropa de la calle por la que pasaba promocionando algún artículo la sacó de su pensamiento que estaba de algún modo empezando a negativizarse. Se dio cuenta que era el momento de animarse y de seguir avanzando en el largo camino que parecía que dejaba de ser tan empinado.

Tratando de reponerse al comprobar que había dado un giro a sus recuerdos, pensamientos y elucubraciones, fue a llegar al punto que tal vez más le había preocupado desde el primer día y que probablemente más importante era, su marido Pedro. Él siempre había dudado de casi todo y tan pronto parecía que veía el problema que tenía Mario, como lo trivializaba y lo creía como parte de su proceso madurativo, como si la propia naturaleza iba a ser la encargada de encauzar al niño hasta en las cosas más sencillas, incluso en algunas que como padre tampoco él sabía qué hacer. ¡Ya crecerá! ¡ya se irá dando cuenta de las cosas cuando crezca! Eran alguna de sus frases preferidas que solían acompañar a la ya clásica de que el tiempo lo cura todo.

Lo cierto era que Carmen tenía la sensación de que ese papel que encerraba el sobre blanco que llevaba en sus manos podía cambiar las cosas con Pedro. A pesar de ese presentimiento no quería una vez más hacerse ilusiones porque luego era mucho peor, aunque en esta ocasión algo seguía diciéndole que todo iba a ser muy distinto. Por eso empezó a soñar mientras volvía para casa sobre la posibilidad de que todo comenzara a ir mejor con Pedro y que de una vez por todas consiguieran ser ambos, uno solo. ¿Por qué no?

Definitivamente pensó, haciendo recuento de la mañana, con su sobre en la mano y las ideas que había estado manejando, que la cosa no pintaba mal. Al pasar por una plaza en la que había un café con una terraza de aspecto muy agradable y una suave música que lo envolvía todo decidió sentarse a tomar un café con leche mientras trataba de imaginar lo que su marido diría tratando de visualizar cómo iba a reaccionar. Pidió al camarero y se dejó llevar por la música y sus pensamientos.

Andrea de Pé (12 años)

CAPÍTULO XX

La aceptación del padre

Pedro en realidad es una buena persona, nadie lo duda, pero en el tema de los chicos siempre ha dejado hacer a Carmen y despreocuparse de ello también es cierto que ha venido siendo una práctica muy habitual. Desde que comenzara el problema, bastante tiempo atrás, la verdad es que no ha faltado obligación o excusa que evitara que él en persona llegara alguna vez a ser quien llevara las riendas del asunto, porque si había que hablar con los profesores o maestras allí estaba la madre que es la que los atiende en casa desde que se levantan, les prepara cada mañana su desayuno, les ayuda a revisar si les falta algo y les lleva al colegio y posteriormente va a buscarles y, por si fuera poco y para rematar la faena, antes de los baños y las cenas, está pendiente de las meriendas, pero sobre todo de la parte más dura del día, los deberes, momentos en los que los ánimos se caldean y los nervios suelen estar en muchas ocasiones a flor de piel.

El papel de Pedro con sus hijos consiste en echar una mano a su mujer, como él suele decir siempre que sale el tema. Carmen cada vez trata de hablar menos de ello porque ya se ha cansado de líos, de no conseguir demasiado apoyo por su parte en estos años de convivencia. Por eso prefiere no echar más leña a un fuego que no arde en el sentido que ella siempre había soñado, al menos en cuanto a una cosa tan vital para su proyecto de vida con él, como son sus hijos y la educación que les dan.

Cuando ella piensa, casi siempre analizando el tema en la soledad que da ese café mañanero al volver de dejar a su parejilla en el cole, reconoce que son dos niños bien educados, obedientes y que su padre cuando interacciona con ellos conscientemente no lo hace mal del todo, pero llega a la conclusión de que esos instantes de ayuda consciente son mínimos y se logran en momentos de relajación de la pareja o situaciones en las que no se producen relaciones demasiado complicadas entre los niños, ni con el entorno, puesto que se dan en días de fiesta, en fines de semana o vacaciones cuando todo es muy distinto para todos y donde muchas veces las normas, para bien o para mal, se relajan en cierto modo.

Ante la taza humeante sigue reconociendo que el problema es otro realmente, al menos en la raíz. Echa de menos la ayuda de Pedro a diario. Sabe que por su trabajo, él no suele estar demasiado en casa y que cuando vuelve llega bastante cansado unas veces y otras malhumorado por algunas cuestiones que le han podido suceder durante la jornada, pero eso es capaz de entenderlo también ella. Incluso puede pasar por alto o perdonar que cuando ella está metida de lleno en duchas y otros menesteres y su marido llega a última hora de la tarde, diga lo contrario de lo que Carmen acaba de decirles o mandarles. Sabe que no está bien, pero al menos lo tiene junto a ella, aunque es consciente de que en muchas ocasiones deshace el trabajo que ella tan pacientemente ha ido realizando, y eso que por la frecuencia con la que se produce tal vez la mella producida no es tan grande como podría llegar a ser si esos hechos fuesen más seguidos.

Lo que más le preocupa es que no sea capaz de darse cuenta de que lo que tiene delante es un problema, un niño al que ayudar en determinadas tareas, pero sobre todo entenderle y animarle, hacerle ver que está junto a él en todo momento pase lo que pase y no solo en esos pequeños espacios de juego que puede conseguir a lo largo de los fines de semana y otros momentos de descanso en vacaciones. Tal vez a la madre le cuesta especialmente entender cómo Pedro no ve lo que tiene delante, un vivo ejemplo de él mismo hace unos años y seguramente, en muchas cosas, incluso del momento actual.

A Carmen le preocupa como madre lo importante que puede llegar a ser un padre como modelo de referencia para su hijo, tal vez el más importante, y en su caso por esa falta de apoyo e incluso a veces de responsabilidad, puesto que ella siempre ha querido conseguir que el desarrollo que alcancen sus hijos tenga el mayor equilibrio posible. Está convencida de que la educación que siempre quiso dar a sus pequeños desde que pensó en tenerlos, no depende de algo que tengan que hacer ellos como progenitores de los mismos, sino de un equipo que tiene que estar formado, en su caso, por los cuatro componentes de ese núcleo familiar que a veces parece funcionar tan bien, pero otras...

Pedro parece no ser consciente de lo que tiene entre manos. Las estrategias de socialización que los padres utilizan para conseguir sus objetivos e ir viendo cómo sus hijos se van integrando en la sociedad a la que salen cada mañana, parecen no ir con él y eso a Carmen la saca de sus casillas. Ver cómo no se da cuenta, independientemente de que no haya mala voluntad en ello, de lo importante que es para Mario sentirse aceptado, sentir ese afecto y ese calor que solo da la cercanía del padre, que únicamente les prodiga a ambos críos en contadas ocasiones le supera. Ella necesita su colaboración como sea, está en ello desde el primer día y está convencida de que lo va a conseguir, especialmente tras los últimos pasos dados. Sabe e intuye que el equipo con el que sueña formar con él está a punto de ser una realidad que se va a encargar de consolidar en cuanto lo vea dar el primer paso en firme, puesto que de ellos depende que su hijo Mario salga adelante con una mayor solvencia en la vida, pero es que siempre parece todo el mundo olvidarse de la pequeña Laura que por hacer las cosas como siempre se ha esperado de ella, parece la olvidada y no es así, estando por lo tanto en juego un estilo educativo que como padres deben imprimir en su familia a sus dos hijos, no solo a Mario que por tener dificultades por su TDAH parece absorber todas las energía de cuantos le rodean, sino a los dos.

Al final Carmen, aunque se ha propuesto mil veces no volver a sacar el tema y seguir ella sola si es necesario por su camino, al constatar que últimamente Pedro pregunta alguna cosa más y sigue más de una de las consignas que le va transmitiendo de las que ella ha aprendido en charlas, cursos y otras actividades en las que ha ido participando, decide un enésimo intento para aprovechar la inercia de ese pequeño giro que ve en las últimas semanas en la actitud de Pedro como padre, especialmente con Mario que es el que suele salirse con más frecuencia de los cánones establecidos.

Recordando viejos tiempos, y como el niño que busca el instante adecuado para pedir a sus padres que le dejen salir con sus amigos, piensa en aprovechar el momento en que más relajado esté su marido que, como siempre que lo ha intentado, es cuando los niños duermen, y si es en sábado mejor, que sin trabajar también él estará mucho más tranquilo y receptivo.

Por fin llega el momento esperado. Ha sido un día familiar. Los niños han disfrutado de una tarde de parque con merienda incluida que les ha dejado, además de un regustillo de felicidad, un cansancio que les ha permitido echarse a dormir sin plantear un solo problema, después de la preceptiva ducha y la cena todos juntos. Como en las películas, al fin solos. Unos minutos bastan para que Carmen, una vez recogida la mesa y la cocina entre los dos, se asegure de que los niños ya duermen plácidamente. Poco después, a la hora del café y con algún licor para amenizar la velada, una luz tenue pone el punto que le falta al ambiente para conversar. Ella espera y busca el momento para sacar el tema que le interesa tras hablar de algunas cosillas del día y poco más, pero de escaso interés.

—Ahora que dices de Mario y lo bien que se lo ha pasado con su hermana. ¿Has observado últimamente su forma de hacer las cosas?

La verdad es que estoy poco con él, pero creo que algo va cambiando.

—¿Sabes una cosa? Creo que tú también, y el crío se ha dado cuenta de que estás más implicado con él.

—¿De verdad? No sé. Bueno, lo que sí es cierto es que desde que tú estás metida en esos rollos de charlas y demás, algo me he fijado de lo que me cuentas y trato de hacerlo mejor.

—Y ves su efecto sobre el chico ¿no? Incluso se nota en su hermana, que también está mejor.

Sí, eso también lo había pensado yo. La verdad es que tanto Mario, Mario… a veces como se porta tan bien, la dejamos un poco de lado.

—No, tampoco es eso Pedro, porque yo que paso más tiempo con ellos procuro estar al tanto para que la niña no se sienta mal y no piense, al ser tan pequeña, que la queremos menos porque siempre estamos con Mario en la boca. De todos modos tengo muy claro que es pequeña, pero también que es muy inteligente y se da cuenta de la situación.

Pedro, ante las palabras de su mujer que demostraba tener totalmente controlada la situación de la educación de sus hijos, por una parte se sentía mucho más tranquilo, pero por otra sentía como una especie de remordimiento porque él tenía muy claro que nunca había hecho todo lo posible. Le venían a la cabeza aquellos primeros momentos cuando nació Mario, donde la ilusión de tener su primer hijo le hacía desvivirse por cualquier nimiedad, siendo capaz de cruzar la ciudad si era necesario para buscar una farmacia de guardia si el niño tenía cualquier molestia. Hoy, recordando aquello, no llegaba a entender cómo el tiempo había arrastrado con su lento e impasible caminar tantas ilusiones, pero sobre todo cómo le había hecho desviarse de algo que en aquel momento siempre tuvo tan claro y que en realidad era prácticamente lo que guiaba su vida. Aunque un cierto pudor, y seguramente un poco de orgullo que siempre había tenido, no le permitían expresar con palabras estos pensamientos como habría sido de desear ante su esposa, sí, que en su interior se estaban produciendo una serie de cambios a nivel emocional. Todo esto le impulsaba, tal y como ya llevaba haciéndolo algunos días e incluso semanas, a seguir los pasos de Carmen y a colaborar con ella en todo lo posible, siempre al nivel de sus posibilidades porque no estaba en casa tanto como la madre de los niños, en este proyecto que un día fue común y que él prácticamente sin darse cuenta había desatendido en los últimos años. Así pues, cuando en un alarde de flexibilidad mental puso en cuestión de segundos sus pensamientos en orden, fue él quien siguió la conversación que tan certeramente su mujer había comenzado.

—Eso que me cuentas de la pequeña me tranquiliza porque siempre me ha dado algo de miedo que no entienda, debido a su edad, las diferencias de trato entre su hermano y ella.

—Ya te digo que puedes estar tranquilo, aunque no tenía la menor idea de que estuvieras preocupado por ello.

Nada más decir estas últimas palabras Carmen se dio cuenta de que no tenía que haberlas pronunciado porque ahora que estaba consiguiendo que Pedro fuera reconociendo algunas cosas, este no era el mejor modo de hacerlo, aunque tampoco ella podía saber todo lo que estaba pensando él y que, con un cierto complejo de culpabilidad por no haber hecho en todo este tiempo los deberes como padre, tampoco estaba dispuesto a ponerse a discutir en este momento que las cosas parecían enderezarse.

—Lo que tengo muy claro es que creo que debo hacer algo más con estos críos cuando llego a casa —decía en un tono serio que Carmen casi no reconocía en él mientras le miraba con los ojos como platos, convencido de que por fin se acababa de dar cuenta de lo importante que podía ser él para sus hijos, y por extensión para el ambiente familiar que a la larga redundaría en un mejor comportamiento de los mismos, y por tanto de Mario.

—¡Cuánto me alegro! La verdad es que ahora que me dices esto creo que puedo contarte, porque ya veo que me comprendes, que me he encontrado muy sola muchas veces.

—Y ¿por qué no me lo has dicho nunca? —Preguntaba Pedro sorprendido.—

—Sí cariño, al principio te lo dije en muchas ocasiones, pero en el caso de Mario, que realmente es el que nos ha llevado a este momento y a vernos en esta situación, nunca me creíste demasiado, por no decir nada de nada. Siempre decías que era un niño como todos los demás y que ya se le pasaría su forma de actuar cuando fuera creciendo. ¿No recuerdas?

—La verdad que sí, me ha costado demasiado tiempo darme cuenta de que algo pasaba con él. Debo reconocer que al principio siempre creí, y de alguna forma en alguna ocasión te lo dije, que eras la típica madre que parece que en su vida no haya nada más que sus hijos, pero tu insistencia y ese no parar de ir de puerta en puerta buscando una solución para lo que tú creías un problema, me ha hecho ver que realmente es cierto que algo ocurre. Hace como un mes, viniste de una reunión o una charla, no recuerdo bien que había sido y te vi tan entusiasmada, tan convencida de lo que decías y lo dispuesta que estabas a aplicarlo con Mario, que me hizo pensar mucho. Comprendí que debía colaborar contigo más de lo que lo hago porque en cualquier caso lo ibas a hacer tu sola. La verdad es que quizá, como te he dicho antes, mucho no te he ayudado.

—Pues no Pedro ¿para qué te voy a mentir? Pero te aseguro que ahora lo pasado es lo que menos me importa. Lo que realmente tiene valor es todo lo que hoy me estás diciendo porque sé que desde este momento vamos a ser el equipo que siempre deberíamos haber sido y con el que tú y yo soñamos tanto tiempo cuando empezó nuestra historia juntos.

—Pues sí, no sirve de nada reprocharnos las cosas ni discutir para conseguir tener la razón. Solo quiero que sepas que vas a contar conmigo porque voy a estar a tu lado igual que el primer día, como siempre tenía que haber estado.

Había sido una situación en la que ambos habían desnudado sus sentimientos poco a poco. Carmen había sentido una sensación muy parecida al miedo, Pedro al final un ataque de sinceridad. De repente él vio cómo los ojos de ella comenzaban a brillar y discurrían por sus mejillas sendas lágrimas mientras esbozaba una ligera sonrisa. No sabía si reír o llorar.

—Anda ven —le dijo su marido casi susurrándole al oído mientras alargaba su brazo derecho para que se acercara más hacia él en el sofá en el que llevaban tanto rato hablando cara a cara, frente a frente.

Se acercó a su marido dejándose abrazar y, mientras sollozaba apoyada en su pecho, él besaba su pelo y jugaba pasando sus dedos por él tragando saliva porque su conciencia le aseguraba que ese llanto, si hubiera tomado conciencia ante la situación, podría haberse evitado.

Durante el tiempo que duró la tierna escena de la pareja abrazada, ella llorando y él acariciándole los cabellos, cada uno pensaba para sí en un silencio absoluto únicamente roto por los suaves sonidos emitidos al llorar. Carmen sentía una relajación enorme al pensar que ya no iba a estar sola en un camino que tanto le estaba costando y empezaba a ver con los ojos de su imaginación a su marido con ella, a su lado, asistiendo cuando su trabajo se lo permitiera a cualquiera de las charlas que tanto le había servido para aprender todo lo que sabía en este momento sobre el problema de su hijo o leyendo artículos por el mismo motivo. Se sentía bien, mucho mejor de lo que habría pensado sentirse antes de comenzar la conversación que había terminado de este modo. Mientras tanto Pedro, a pesar de haber dicho que no merecía la pena volver la vista atrás, lógicamente no podía deshacerse del peso que suponía para él el error cometido durante todo este tiempo. Pedro daba vueltas a su cabeza tratando de reconocerse en el padre que había sido durante todo este tiempo. Ahora se daba cuenta, como más tarde comprobaría él mismo leyendo algunos documentos que Carmen tenía guardados y que poco a poco fue enseñándole, que como otros muchos padres de este tipo de niños que son diagnosticados de TDAH, había sido tal vez excesivamente crítico y que siempre que surgían problemas y Mario estaba en medio terminaba castigándole, tal vez con demasiada facilidad o rapidez, mostrándole seguramente su cara menos afectuosa. Puesto que este tipo de niños es más difícil de educar y Mario no era una excepción, por su comportamiento bastante impulsivo, además de desorganizado y poco colaborador, había sido seguramente mucho más complicado de educar y eso él lo sabía, aunque era consciente de que no lo podía afirmar precisamente por haberlo sufrido, sino más bien por haberlo visto en las situaciones en que su madre se veía enfrentada a él, algo que creaba en el padre una cierta repulsión que trataba de evitar constantemente. Ahora le empezaba a costar menos reconocerlo.

Otra cuestión que en algún momento Carmen le había reprochado, aunque esta vez no la había nombrado para nada, y él siendo crítico consigo mismo empezaba a pensar en ello dándose cuenta de que tenía toda la razón, era que siempre se las había dado de listo, yendo de enteradillo cuando hablaba con ella, como si lo supiera todo, tal vez como una huída hacia delante siendo consciente en esos momentos de que no hacía lo que debía. Realmente debía de ser esa la explicación que ahora mismo encontraba a su actitud, puesto que de no haber sido así habría llevado las riendas del asunto y en cambio jamás lo había hecho. Por si fuera poco, otra circunstancia le hacía ser más consciente de su error. Si realmente hubiera sabido tanto ¿por qué cuando iba con ella al médico, generalmente no abría la boca? Se estaba dando cuenta cada vez más de lo apartado que había estado de la realidad que se vivía en su familia y lo perjudicados que podían haber salido sus hijos de ello de seguir así, especialmente Mario.

Una vez pasado este momento mezcla de sinceridad, ternura y pensamientos de todo tipo por parte de ambos, un café bajo el compás de la suave música que había estado sonando todo el tiempo bastó para finalizar la charla antes de irse a dormir, Carmen contenta y llena de esperanza, Pedro más tranquilo y consciente de su error, esperando al día siguiente para poder actuar como hacía tiempo que no lo había hecho. Al final, después de un duro camino, había conseguido él mismo demostrarse lo que nadie había conseguido hacerle comprender, viendo por fin lo esencial de su ayuda.

Laura Garrido (15 años)

CAPÍTULO XXI

Tratando de avanzar todos juntos

Después de mucho tiempo transitando por los caminos del desasosiego y la angustia, por fin las cosas parecían cambiar de color, percibiéndose en los padres de Mario algo similar a la placidez que se siente al escampar una tormenta en pleno campo, con el silencio que queda tras los truenos y el frescor que los primeros rayos del sol, que había permanecido agazapado tras los negros nubarrones, arrancan del suelo para evaporarse como llevándose el calor abrasador de la tierra húmeda.

La situación familiar no tenía nada que ver con la vivida en los últimos meses. Carmen sentía que le iba cambiado el ánimo ante el nuevo clima familiar y notaba claramente cómo había un antes y un después de la conversación que tuvieran unas noches atrás. Jamás había experimentado algo parecido, o al menos no lo recordaba. Veía a Pedro preocupado por cosas que antes parecían pasar desapercibidas para él, como si no le importaran, como si las viera a través de un televisor. Nunca pensó que este nuevo cambio fuera tan fácil de lograr y que por el contrario le hubiera sido tan difícil de conseguir, puesto que la cerrazón del padre de los niños tiempo atrás parecía casi enfermiza.

Tras bastante tiempo viendo las necesidades de las familias cuyos niños tienen cualquier tipo de problema en general, y de los que son diagnosticados de TDAH en particular, y por las que ella misma había estado pasando y no poco tiempo, estaba pensando en proponerle a su marido que algún día se ofreciera para ayudar a otros padres a ver lo que él había estado tanto tiempo sin ver, pero pensó que era preferible aprender a caminar antes de echar a correr y se convenció ella misma de que sería mejor esperar a que las bases en su situación familiar se asentaran y más tarde probablemente todo llegaría. Tiempo al tiempo y sobre todo lo que le habían enseñado con estos niños, paciencia, mucha paciencia, toneladas de paciencia.

Cada vez que Carmen echaba la vista atrás, a pesar de haberse propuesto miles de veces no hacerlo, encontraba otra fecha que había marcado otra inflexión en todo el proceso. Recordaba varias, como escalones que van superándose, pero siempre unas le habían parecido ser más decisivas que otras. Se trataba del día en que recibió la llamada del cartero y encontró en el buzón aquel sobre blanco. Aún recordaba cómo lo miraba cuando lo tenía en las manos ¡qué miedo le daba abrirlo! Aquel diagnóstico fue decisivo en muchas cosas, aunque tenía claro, como ya había empezado a comprobar y que mucha gente le había advertido que no era la panacea, lo cierto es que no sabría decir si tal vez anímicamente, pero sí que le había dado más ánimos para seguir adelante aunque algunas personas posteriormente y desde diversos ámbitos en distintos momentos hubieran hecho caso omiso del mismo a pesar de venir firmado por profesionales.

La ingenuidad del día que entró por primera vez con este asunto a la consulta del pediatra le hacía sonreír cada vez que le venía la imagen a su cabeza. Hoy, que sabía más que entonces, e incluso se atrevía sin ningún pudor a afirmar que bastante más que muchos de los que se habían cruzado en su largo camino y que deberían haber sabido al menos un poco, no se podía explicar cómo pudo entrar pensando que aquello podía ser como un simple resfriado. Llegas, le explicas al médico lo que te pasa y cómo te encuentras, te mira e incluso te ausculta, te hace toser y momentos después te dice que no es nada y que en cuestión de días se pasará. Se sienta, te extiende una receta con una letra ilegible y ¡hala! tan contenta a la farmacia. ¡Lo que hace la ignorancia! Fue un día donde realmente empezó a tomar conciencia, por las palabras de Gregorio, de que estaba ante algo importante para su hijo y cuando se prometió a ella misma que llegaría hasta el final, o al menos hasta donde pudiera o llegaran sus fuerzas, porque sabía que iba a ser algo para siempre y quería que Mario pudiera encarrilar su vida cuanto antes porque su problema, como le habían dicho en varias ocasiones y había comprendido después era llevadero y, si se trabaja bien con él desde pequeño, no debería tener ningún problema en un futuro. Siempre le estaría agradecida por su sinceridad.

Parece que cuando las cosas empiezan a marchar actúa ese filtro que todos debemos tener en algún lugar y que se encarga de ir separando los buenos recuerdos de los malos. Por este motivo debe ser que a Carmen le empezaban a llegar imágenes en su cerebro de todas las personas que se fue encontrando en los primeros tiempos y que siempre con toda la buena voluntad del mundo le decían qué creían que era mejor para Mario, para ella, para su familia en general, llegando en algunos momentos a agobiarle y a crearle momentos de angustia. En realidad el problema no eran estas personas que siempre pretendían echar esa mano que creen que puede venir bien a la persona que está mal, sino la falta de recursos de quien ve que el resto va tratando de salir del mismo agujero y poco a poco va asomando la cabeza, mientras que quien realmente lo está sufriendo en sus primeras fases no es capaz de tener las mismas herramientas y se siente mal, impotente y ciertamente algo inútil. Un sentimiento que con el paso del tiempo había conseguido ir superando, no sin pocos esfuerzos, gracias a todas aquellas personas que habían pasado por su vida desde los primeros momentos.

La verdad es que el acercamiento a aquel lugar que le habían aconsejado, donde varios días a la semana ayudaban a Mario, fue otro de los descubrimientos importantes, como empezar a ver un camino, tal vez parte de ese tan largo que todas las personas que conocían el tema que le preocupaba a ella le anunciaban. Desde el primer día, aquel en el que la vergüenza le hizo acercarse sigilosamente, hasta el momento actual, todos ellos habían estado jalonados de personas y ese había sido el secreto, seres humanos capaces de ayudar, de echar una mano sin esperar nada a cambio más allá de una sonrisa, un abrazo o un apretón de manos, símbolos todos ellos de una unión que fuera de ese ambiente, de ese grupo lleno de esa sensibilidad tan difícil de encontrar en otras personas con las que convives día a día, le habían hecho albergar una esperanza en los demás empujándole a persistir en su objetivo.

Si a todo esto le sumaba las actividades a las que ella misma había acudido y en las que se había empapado del tema que le había llevado de cabeza desde hacía tanto tiempo, veía completa su certeza de que todo aquello había sido acertado. Claro que analizando todo esto llegaba casi siempre a Eva, su cuñada. Carmen, por unas u otras circunstancias, nunca había podido contar demasiado con el resto de lo que había oído llamar la familia extensa. No le preocupaba en absoluto porque desde el principio había sabido arreglárselas para valerse por sí misma. En los primeros años de matrimonio Pedro era su apoyo, pero eso no duró demasiado, especialmente cuando su trabajo le requería más tiempo del que a ella le habría gustado, probablemente también a él, y sobre todo al nacer Mario, ya que al no implicarse a fondo desde el primer día, poco a poco fue desentendiéndose del problema pasando este casi exclusivamente a manos de la madre. Fue en ese momento cuando Eva se convirtió en esa hermana que nunca había tenido, en ese apoyo que nunca le había fallado. Siempre se habían llevado bien desde que su hermano se la presentara cuando empezaron a salir como novios, pero su forma de apoyarle pasaba la línea que separa la relación de amistad e incluso de parentesco, para transformarse en algo más que una hermana. Siempre le estaría eternamente agradecida, pensaba ahora que veía que estaban más cerca ya del camino, puesto que aunque lo que quedara fuera duro, teniéndola al lado, sabía que nunca estaría sola, y si además ahora contaban con Pedro…

En el análisis que mentalmente estaba haciendo en este momento, al ser el eje principal Mario y su ligera mejoría en el trastorno que le había sido diagnosticado, siempre se acordaba de los problemas que había tenido para poder conservar a los amigos, porque hacerlos, por su carácter alegre y abierto no le costaba demasiado pero posteriormente su impulsividad y ese no parar hacían que al poco tiempo lo dejaran de lado. ¡Cómo sufría cada vez que le ocurría! Y con él su madre que le veía salir triste y cabizbajo. Los cambios producidos, sin ser milagrosos, habían conseguido que el niño tuviera una imagen entre los niños distinta, ya que lo veían algo más relajado. Evidentemente su actitud, su forma de hacer las cosas, de estar en clase y de desarrollar el resto de aspectos de su vida, no eran exactamente como las de sus compañeros ni tenían por qué serlo, pero ellos sabían que algo estaba cambiando en el interior de Mario. Los niños suelen ser muchas veces crueles con sus iguales cuando constatan alguna debilidad, generalmente fruto de su propia inmadurez, pero si notan algo distinto se dan cuenta enseguida y el proceso de cambio tan positivo que estaba ocurriendo ante ellos no les pasaba desapercibido. Miraban a Mario con otros ojos, sus miradas eran distintas, esas que los adultos deberíamos emplear cuando los tenemos ante nosotros.

Lo que en su día fuera una batalla campal cada tarde, los deberes, hoy sin ser una fiesta, es un momento menos desagradable donde ya al menos se puede dialogar. Para Mario, no nos equivoquemos, no es el mejor momento del día y trata de rehuirlo todo el tiempo que puede, pero una vez que comienza, el tesón de su madre y recordarle cómo va mejorando para que su autoestima se sienta aludida juegan un papel esencial. Remolonea, pero sabe que ya no se trata de ir a buscar esto y lo otro, porque siempre se le olvidan cosas, ya que previamente Carmen le hace revisar si tiene todo lo necesario y así evita esas pequeñas fugas. Eso sí, la propia madre le va gestionando pequeños descansos cada cierto periodo de tiempo en función de la tarea, su complejidad y duración. Todo esto hace que el niño esté más dócil, siempre desde el suplicio que son para él estos momentos de trabajo, consiguiendo que para ella sea mucho más llevadero y, en comparación con tiempos pasados, hasta mucho más relajado.

Viendo cómo se van desarrollando los acontecimientos en casa comienza a entender, después de darle muchas vueltas, que el niño va al colegio sin la ansiedad de antes. De acuerdo que no tiene un entusiasmo desmedido, pero ya parecen desterrados de su vida muchos de aquellos amaneceres sin ilusión y llenos de angustias y prisas, de ansiedad y malas caras, siempre entre vasos de leche que caen por la ropa recién puesta y mochilas a las que siempre les falta algo. Ahora, tras vencer el remoloneo y la vuelta inicial hacia el otro lado de la cama, la cosa parece centrarse y, sin prisa pero sin pausa, todo parece ocurrir como si la naturalidad se estuviera instalando en sus vidas.

Cada día, Carmen, va descubriendo cosas nuevas, absolutamente naturales en la vida de cualquier niño pero no en la del suyo. Un sábado por la mañana suena el teléfono y no es para ella, además del colegio tampoco puede ser al no ser día lectivo, sino para Mario. Se trata de David, un compañero que le pregunta si quiere bajar a jugar un rato con él. El asombro crece día a día cuando este hecho tan simple para otro niño, se repite en pocos días varias veces y por si la sorpresa no fuera suficiente, además de David, que jamás antes le había llamado empiezan a hacer lo mismo varios chicos y chicas más, alguno de ellos hasta va a su casa y le llama desde abajo para ver si le dejan bajar a jugar. Carmen, asombrada totalmente, le habla como lo haría cualquier madre para que tenga cuidado y le dice esa serie de cosas que forman parte del manual de madres para niños que salen por primera vez, aunque interiormente siente una fuerza casi imposible de controlar después de las anteriores vivencias que casi le piden que empuje al niño suavemente hacia la calle, pero que salga y disfrute, que goce de una libertad y unos trocitos de felicidad que hasta ahora le habían sido vetados y que por fin ya son suyos.

Así pues la vida va pasando y poco a poco va tomando unos tintes de normalidad que solo se aprecian en su auténtica dimensión en casa, aunque en el colegio, en el aula, recreo o pasillos no son pocos los que ven a Mario como otro niño. Siempre queda alguno de los que, haciendo gala de ese especie de crueldad infantil que hace daño sin pretender más allá que pasárselo bien un rato a costa de los más débiles, sigue incordiándole y provocando algunas salidas de tono antes previsibles y hoy más difíciles de conseguir porque el niño ha aprendido a controlarse mucho mejor y piensa las cosas antes de hacerlas la mayoría de las veces. Sabe que el lenguaje interior ese que tantas veces le han dicho que es tan importante lo ejercita a cada momento y se siente satisfecho de sus logros, cada día más.

Carmen sigue como si todo fuera un sueño. Lo ha pasado tan mal durante tanto tiempo, ha sufrido tanto, que a pesar de las evidencias que se producen cada día ante sí, sigue teniendo un miedo inevitable a que todo se derrumbe. Confía en que su trabajo siga dando fruto pero tantas veces se han esfumado todas sus ilusiones al respecto que se apodera de ella una impotencia que le hace oscurecer la mirada hasta que su propia conciencia y ese instinto que solo tienen las madres que le dice que esta vez su hijo no va a volver a recaer, que es la definitiva y que puede estar tranquila aunque sin perder de vista el control de la situación. En este momento sus labios dejan entrever de nuevo una leve sonrisa que le hace volver al optimismo inicial.

De repente, mientras está preparándose para salir de casa, suena el teléfono. Todo lo anterior empieza a dar vueltas en su cabeza de nuevo y le da cierto pavor acercarse a tomar en su mano el auricular. Cuando descuelga y oye la voz de Rafa, primero se queda en silencio, posteriormente al comprobar que no pasa nada y que solo quiere comentarle algunas cosas se relaja, pero al saber que se trata de explicarle los pequeños avances que se están empezado a producir en Mario como alumno y a nivel personal, Carmen siente ese nudo en la garganta que antes sentía, pero sabe que esta vez es de alegría y deja correr una vez más sus lágrimas aunque ahora de emoción. Tras colgar solo tiene ganas de contárselo a todo el mundo, pero sobre todo quiere que llegue el niño para decirle lo contenta que está con él y llenarlo de besos. Por fin parece que la luz también comienza levemente a iluminar el túnel oscuro que antes era el colegio, su escolaridad.

En todo este tiempo, mientras Carmen había estado dando vueltas a todo lo ocurrido y a lo que estaba viviendo como para darse impulso de cara a un futuro que veía con más esperanza, al otro lado de la ciudad, Pedro había estado haciendo algo similar. Desde que saliera de casa aquella mañana, no había parado de dar vueltas a todo el proceso, comenzando por los primeros problemas hasta el momento actual, desde aquellos primeros días en que siempre achacó todo a la naturaleza y a la propia fuerza de las cosas, hasta hoy que convencido ya de que tenía que tirar en el mismo sentido que su mujer si quería que su hijo no se perdiera en su laberinto personal y fuera un adulto con unas mínimas garantías de éxito.

Trataba de pensar en presente pero al estar muy reciente todavía el momento de la conversión que acaba de mantener, no hacía más que volver la vista atrás para lamentarse una y otra vez por no haberse dado cuenta antes. Tal vez pensaba que, como Carmen decía, fuera bueno ir a la asociación y proponerles si era necesario apoyar a otras familias para que no volviera a pasar a más padres lo que a él le había ocurrido. Pero a la vez que se lanzaba a ello, se echaba para atrás al no sentirse todavía preparado.

Pedro no encontraba una explicación a su cerrazón durante todos estos meses, le costaba entender cómo no había podido darse cuenta antes de lo que había estado ocurriendo delante de sus mismas narices, siendo que ahora lo estaba viendo tan claro. La verdad es que, por mucho que lo pensaba, era incapaz de comprenderlo y volvía inevitablemente a echar la vista atrás una vez más.

Poco a poco fue dándose cuenta de que lo único positivo que podía y debía hacer era comenzar a informarse mejor del problema y nada mejor que hablar con su mujer que le llevaba ya una amplia ventaja, aunque confiaba en ponerse al día lo antes posible. Con interés nada es imposible.

Así fue como el padre de Mario comenzó a ver las cosas de otro modo y, lo que es más importante y la clave con este tipo de niños, a mirarle con otros ojos, por lo que comenzó a entender y sobre todo a comprender muchas de las cosas que antes le parecían tonterías o chiquilladas, aquellas que siempre creyó desde un principio que el tiempo se encargaría de ir corrigiendo como se supone que hace con todos los niños, aunque luego fue dándose cuenta también de que esa máxima seguida siempre tampoco era cierta, que con muchos niños no se cumplía y esto le hizo pensar mucho, tanto que no se remontó a unos meses atrás cuando empezaran las cosas con su hijo, sino bastantes más hasta llegar a su propia infancia y verse reconocido por primera vez en su propio hijo.

Aquellos líos en los que se metía de crío en el pueblo en sus largos veranos, tantos pantalones rotos por caídas y enganchones en los árboles a los que trepaba y en las rocas por las que escalaba sin parar. Tantas peleas con los amigos, allí y en el colegio durante el curso, las discusiones en casa, casi siempre por cosas que sus padres no entendían y que bien pensado eran tal vez cabezonerías suyas y situaciones creadas por no fijarse en lo que hacía. La verdad es que era increíble cómo en cuestión de segundos le estaba viniendo parte de su infancia como en una película, igual que dicen que les ocurre a las personas que están a punto de ahogarse y viven situaciones similares.

Estaba asombrado de lo que le estaba pasando, era como si de repente una ventana de aire fresco se hubiera abierto ante él. ¿Cómo no había sido capaz de abrirla antes? Recordaba otras cosas más cercanas y reconocía que siempre que le hablaban de Mario y se dirigían a él, en cierto modo le molestaba porque se veía reflejado. Aún rebotaban en su cabeza los comentarios sin ánimo de ofenderle en absoluto de don Tomás, el médico a cuya consulta acudió con Carmen y que resultó ser el de la familia de toda la vida. Lo pasó fatal y ahora se empezaba a dar cuenta de que todo aquello que sentía era ridículo y no tenía ningún sentido. Lo único positivo de todo lo que estaba reviviendo de aquel día y de tantos otros, era que le empezaba a servir de punto de partida, de inflexión en un camino que le había costado mucho tiempo ver, pero que hoy reconocía totalmente equivocado. A partir de ahora mismo no iba únicamente a cambiar su vida sino la de Mario y en consecuencia la de toda la familia. Estaba decidido a formar parte del equipo que Carmen siempre quiso formar.

Daniela Galán (6 años)

CAPÍTULO XXII

Hacia un futuro esperanzador

Una vez todos en el mismo barco, la travesía será mucho más llevadera. Nadie había dicho que fuera a ser fácil y que los problemas no siguieran siendo incómodos compañeros de viaje, pero lo que estaba muy claro para todos, especialmente para la pareja, era que las cosas serían de otro modo y las dificultades mucho menos complicadas de superar. Incluso los niños, poco tiempo después, percibían en casa algo distinto, un ambiente familiar algo más relajado porque la nueva forma de mirar a sus hijos por parte de Pedro había conseguido cosas increíbles que detectaban enseguida, transformando también ellos mismos su tipo de respuesta ante situaciones que unas semanas antes hacían saltar la convivencia pacífica de la familia por los aires en cuestión de segundos.

Así pues, las cosas iban cambiando, creándose un ambiente más positivo en momentos que siempre habían sido de alta tensión, como el ya clásico de los deberes de todas las tardes. Ahora no era un espacio de tiempo que nadie añorase para relajarse pero sí que había dejado de ser el que se esperaba con la angustia de antaño. Seguramente, un padre que observara desde afuera las escenas anteriores y posteriores a este cambio pensaría, como lo habría hecho Pedro si no hubiera sufrido esta transformación, que el tiempo lo estaba cambiando todo como consecuencia de un avance propio de todas las cosas y la naturaleza humana y que, por tanto, los críos no podían escapar de ello. Él sabía que eso no era así y que nada tenía que ver con la simple progresión de las cosas ni con que la naturaleza, que siempre debe seguir avanzando, hubiera solucionado todo con su lento caminar. Tenía absolutamente claro que su comprensión de la situación había sido y seguía siendo crucial para el desarrollo de los acontecimientos, algo que nunca antes habría ni tan siquiera imaginado.

Muchas situaciones en la vida requieren paciencia y dejar simplemente que el tiempo pase, pero tanto Carmen como Pedro sabían que este no era el caso, puesto que, si bien era necesario que el calendario fuera perdiendo lentamente sus hojas como un árbol en otoño, su papel como catalizadores de la situación era imprescindible. La vida de Mario y Laura dependía siempre del enfoque que consiguieran darle, de la motivación para encaminarlos a un futuro donde el valor del esfuerzo fuese capaz de ayudarles a superar cualquier situación, cualquier imprevisto por sorpresivo que pudiera resultarles. El futuro es, como todo lo que está por conocer, imprevisible, si no sería otra cosa pero no futuro y en buena lógica les preocupaba la incertidumbre que se cernía sobre ellos, especialmente por Mario, puesto que él había sido el detonante de todo este proceso, por todas las necesidades que el niño había dejado al descubierto y que su madre y ahora su padre, habían tratado de satisfacer. En cualquier caso se repetían una y otra vez, tanto verbalmente cuando estaban juntos, como individualmente a nivel de pensamiento y de intenciones, que jamás dejarían de luchar como por fin habían conseguido hacerlo. Ahora se empezaba a ver ya algún resultado y era cuestión de tiempo y de paciencia. Con el esfuerzo de todos, el del niño y de cuantos trabajaban con él desde los diversos ámbitos, como siempre había oído decir Carmen, Mario conseguiría sus objetivos, no los que le marcara nadie, ni mucho menos una sociedad que no lo conocía a él y que ahora empezaba a despertarse al TDAH y, que por lo tanto, tampoco tenía muy claro a nivel social el trastorno que le acompañaba, esa losa que en un principio fuera imposible de levantar y que hoy era un simple y a veces molesto compañero de viaje que no le iba a impedir en absoluto, con el apoyo de todos y sobre todo de su esfuerzo, llegar a ser feliz como todo el mundo debería ser si las circunstancias le seguían acompañando y empujando, pues el camino a la solución había que buscarlo siempre con la unión de todos.

Carmen, como cualquier otra madre del mundo, igual que el resto de mujeres a lo largo de la historia de la humanidad, únicamente había buscado desde el principio la felicidad de sus hijos. Ella, aunque pudiera tener sus prioridades, sus gustos, e incluso sus sueños más escondidos cuando pensaba lo que sus hijos pudieran ser de mayores, jamás pensó en otro objetivo que no fuera su felicidad y siempre había luchado por él. En todo este tiempo, desde que viera la carita de Mario, su primer hijo hasta el día de hoy, la vida le había enseñado lo importante que es meterse en el corazón de cada niño, pero eso solo se puede conseguir haciendo un pequeño esfuerzo que nos permita verles desde una óptica que únicamente tienen las personas sensibles, sencillas y de buen corazón, por eso una madre, cualquier madre, y Carmen entre ellas, siempre agradece que a su hijo aprendan a mirarlo de otro modo. No es difícil saber si lo has conseguido, solo mira a los ojos de cualquiera de ellas y si es así, verás como consigues dibujar en sus labios una bonita sonrisa.

REFLEXIONES

Marta Lozano

No es fácil vivir con el TDAH

No todo es tan bonito como lo pintan. Pero eso no significa que tú no lo puedas pintar bonito. Nadie cuenta los malos rollos que se crean en casa, ni los estados de ánimo por los que pasas, desde la tristeza hasta la desesperación, todo mezclado, sin dar descanso a uno ni a otro.

Cuando decides ser madre o padre, lo decides arriesgándote a todo. Y lo haces con el firme convencimiento de que todo va a ir genial. Pero de repente algo falla. Aquel bebé que imaginabas tan bonito, tan dulce y tan tierno, no lo es tanto, pero le sigues queriendo.

Los años pasan y tú sigues pensando que algo va mal, pero que ese algo va a cambiar, como esperando un milagro. Pero no hay milagros, te das cuenta de que si tú no haces nada porque algo mejore, ese algo no va a mejorar. Mi vida desde que nacieron mis hijos ha ido encaminada a que eso cambie.

Tengo dos hijos diagnosticados TDAH y libros como éste reflejan muy bien todo aquello que se vive dentro de la familia, fuera del entorno escolar. Aún así creo que todos deberíamos ser algo más valientes y decidirnos a contar de una vez todo aquello que en algún momento hemos sentido hacia nuestros hijos y que nunca nos hemos atrevido a expresar. ¿Es que acaso si lo contásemos seríamos considerados malos padres? No sé, pero creo que también serviría de apoyo y consuelo a tantos otros que sintiendo lo mismo que hemos sentido nosotros no se considerarían tan "malos padres" como ellos mismos o alguien les han hecho creer. A todos ellos les digo: a veces a quien se quiere con locura, también se "odia" un poquito, y que nada malo hay en ello, al contrario, creo que con esto ese amor se hace más grande aún.

Ana Herrera Olmedo
(Madrid)

TDA en familia

Hablar como madre de un TDA no es tarea fácil ya que son muchos los sentimientos que fluyen.

Antes de nada quiero y debo agradecer a mi hijo, el poder descubrir lo que ha sido una constante en mi vida: mi propio TDA, mi bajo rendimiento escolar en primaria y secundaria, los profesores particulares, la etiqueta de "vaga", las pocas amistades en esta etapa escolar… etc.

Hablando de sentimientos: los sentimientos de tristeza y desconcierto que emanaban de Diego me llevaron a pensar que algo ocurría en su interior. La autoestima de mi hijo iba cayendo poco a poco. La tristeza en su cara cuando volvía del colegio lo decía todo, el mutismo, la apatía con que afrontaba los deberes (los resultados no eran proporcionales a las horas de trabajo) y como consecuencia de todo, el malestar que se iba apoderando de la familia.

Tanto mi marido como yo estuvimos de acuerdo en que había que buscar soluciones, siempre con la esperanza de encontrar la solución mágica. Pasamos por el logopeda, la sicóloga y el optometrista y aunque todos pusieron su granito de arena, no fue suficiente.

La decisión de medicarlo surgió después de leer foros, libros, consultar a profesionales y, sobre todo, la opinión de un buen amigo (su pediatra). Que os quede claro que esta decisión no fue, ni es fácil, ya que surgen muchas dudas. Una de ellas era, que si yo había padecido lo mismo y aquí estoy con mis estudios, por qué él no iba a conseguirlo. Pero está claro que no todos tenemos la misma evolución. Y además como padres no nos gusta ver sufrir a un hijo.

Supe que íbamos en el camino correcto de la medicación cuando un día oí a mi hijo cantar en su habitación, nos hablaba del colegio, de sus compañeros, de sus amigos, de la profesora… Había más disposición para trabajar (aunque había que seguir muy pendiente, sentadita a su lado), ya no era todo negativo, había esperanza.

Cuando voy a reuniones, charlas, conferencias en busca de

información, de soluciones y de técnicas de trabajo tengo que decir que me resulta imposible no echarme a llorar. No sé si es un sentimiento de culpa (¿de qué?), de ansiedad, o de impotencia. Supongo que en el fondo son estos mismos sentimientos los que tiene el que padece un TDA.

También hay un sentimiento de rabia cuando ves que con un poco de comprensión y de buen hacer por parte de los profesores se podrían conseguir muchas cosas con estos niños. Siempre tengo que hacer de caballero andante en defensa del más débil delante del tutor o del profesorado.

"Mi hijo tiene TDA y te pido un poquito más de tiempo en los exámenes, que no copie los enunciados del libro porque pierde mucho tiempo, ponlo cerca de tu mesa para que no se despiste, no le pongas cerca al compañero que habla mucho, etc., etc., etc."

Parece ser que la madurez del propio niño hará que éste se vaya volviendo más autónomo, y responsable. Pero mientras esto llega disfrutaremos de Diego. De sus besos y abrazos y su agradecimiento por nuestros esfuerzos que nunca se cansa de decirlo.

Aunque a veces aparece el desánimo siempre hay algún motivo de esperanza y alegría, que me permite seguir adelante.

No quiero que esto se entienda como un alegato en defensa de la medicación al niño con TDA, pero hay que reconocer que es una ayudita bienvenida.

Esta exposición no puede finalizar sin agradecer a mi marido (que esté ahí en todo momento) y a mi niña bonita (16 maravillosas primaveras) toda su comprensión.

Cristina Cases Falo
(Zaragoza)

Aprendiendo a vivir con el TDAH

Cuando mi hijo nació todo fue normal. El primogénito, con una calificación Apgar de 9, todo era felicidad. Fue un niño muy adelantado en todo, habló antes del año. Casi no dormía siesta, yo pensaba... será igual de inquieto que su padre. Caminó exactamente al año y yo seguía pensando qué inteligente es mi hijo.

Cuando cumplió tres años todo cambió. El primer síntoma fue un mareo, desvanecimiento y pérdida de la conciencia. Al despertar decía tener un dolor fuerte de cabeza y se dormía más de media tarde. Lo revisó el médico y me dijo que tal vez era un desvanecimiento por insolación. Esto sucedió más de tres veces, hasta que la última ya convulsionó. De inmediato fui al neurólogo quien le diagnosticó epilepsia.

Estuvo en un tratamiento por más de cinco años hasta que desaparecieron las convulsiones, solo que al tercer año de tratamiento empezamos a notar algo extraño. Del colegio me llamaban a cada rato porque mostraba cierto grado de agresividad y mucha inquietud. Así pasamos un año entero hasta que de plano, ya a punto de ser corrido del colegio, lo llevé con el neurólogo. Ahora era diagnosticado con déficit de atención e hiperactividad.

Ahora ya con dos medicamentos comenzó mi calvario. Lo primero era luchar contra la educación en México que no está preparada para enfrentar, como reto, a un niño que es muy inteligente pero no es igual a los demás. Tuve que dar explicaciones a cada inicio del ciclo de cómo mi hijo debía ser tratado, llevar una carta actualizada del neurólogo y pedir que le dieran el primer asiento de la fila para evitar distracciones.

Otro de los obstáculos más tremendo fue la aceptación de mi hijo en el grupo, y no tanto por sus compañeros si no por las mamás, quienes hacían cartas y levantaban firmas para que mi hijo fuera corrido del colegio, porque un niño medicado en México aún es un tabú.

Por otro lado no contaba mucho con el apoyo de mi esposo, ya que yo era la que enfrentaba las quejas y rechazos, y el solo se limitaba a decirme... no les hagas caso, pero para mí fue un calvario y más por vivir en una ciudad pequeña.

Así transcurrieron más de 6 años, con juntas donde me sentaban en una mesa rodeada de los maestros y en la que solo era escuchar quejas y reclamos pero jamás una solución. Solo recuerdo el apoyo del Prof. Neri quien fue el único que me apoyó y en 4° año fue el mejor académicamente y sobretodo se logró integrar a su grupo.

Y así era mi vida, yo estresada, mi pobre hijo pues también estresado por tantas veces que le pedía que se portara bien, su autoestima se fue para abajo porque veía cómo hacían fiestas y no lo invitaban, y todo porque es un niño medicado (las madres pensaban que era un niño peligroso).

Pero yo, a pesar de estar estresada y frustrada, nunca perdí la fe y visité varios psicólogos, fui con varios neurólogos y hacía hasta lo imposible para encontrar el medicamento que le permitiera ser más atento y menos agresivo.

Ahora, después de 6 años, mi hijo está libre de medicamentos, ya no más visitas a psicólogos, está en primer grado de secundaria, es un niño inteligente, más no ordenado, pero en eso estamos trabajando, es un niño que sonríe, juega y está integrado. Puedo decir que gracias a Dios y a mi entrega, mi hijo ahí va, viviendo su vida y sobre todo feliz. Yo dejé de preocuparme por el qué dirán y me ocupé en lo que realmente es importante para mí, que mi hijo sea una persona exitosa y sobre todo que goce de su vida.

Liliana Franco
Monclova (Coahuila)
México

La lucha de la madre de Zipi y Zape

Embarazada de mellizos, alegría, miedo, es una ambivalencia.

Fue un embarazo muy "activo" de una actividad increíble (hoy diría de una hiperactividad increíble). Prematuros, treinta y tres semanas, ya tenían prisa por nacer por lo que pasaron 17 días en la incubadora. Ya en casa noté que Pau no dormía como Marc, él dormía poquísimo y mal, situación que llegó a ser insostenible. Marc por lo contrario dormía, comía, un bebé sin problemas. Llevamos a Pau a una "unidad del sueño" (Barcelona), las palabras del Dr. fueron lapidantes: tiene algo orgánico (que descartamos) o es un niño que en un futuro tendrá TDAH (siglas tan desconocidas para mí en ese momento).

Una noche sin despertares no llegó hasta la edad de 5 años. Empezamos nuestro peregrinar de Dr. en Dr. en la unidad pública, la primera psicóloga nos dijo que ese insomnio, esa conducta, era cosa de poner límites.

Luego estaban los consejos que recibía de todo el mundo con buena fe: terapias alternativas, homeopatía, flores de Bach, acupuntura, constelaciones familiares y un sinfín de terapias que no nos solucionaron el problema.

No fue hasta los 8 años que nos llegó el diagnóstico de una unidad privada: TDAH (Podíamos poner nombre a lo que le sucedía a Pau). Con el tiempo le llegó el diagnóstico a Marc, TDA él no daba problemas de conducta, era un niño tranquilito, calladito, en su mundo, lo que le llamó la atención fue, que dos órdenes a la vez no podías darle, lo perdía todo y que académicamente todo le costaba más.

Actualmente Pau tiene TDAH combinado, ansiedad y trastorno del sueño. Marc tiene TDAH combinado, impulsividad.

A sus 13 años se han ganado el apodo cariñoso en el ámbito

familiar de ZIPI y ZAPE por ser como ellos mellizos uno rubio y otro moreno, y por sus travesuras.

Una anécdota de sus dos añitos que recuerdo con gracia: Cada viernes los llevaba al McDonald´s para que pasáramos una tarde los tres juntos. Al sentarnos a comer siempre era lo mismo: Mama pipi, caca, una de esas tantísimas veces me encontraba con dos niños sentados a la vez en el baño de señoras, ese día se mojaron los dos a la vez y yo (TDAH) olvidé la ropa de recambio que siempre llevaba, así que opté por secar los pantalones con el secador de manos del baño. Los perdí de vista secando, los llamé: al salir del baño vi unos jerséis en el suelo, mi sorpresa fue encontrar a todo el personal del restaurante riendo. Pau y Marc corrían desnudos por todo el local, yo detrás con la ropa en la mano.

Otra anécdota fue que comieron unas bolitas "madroños" que al momento les saqué de la boca en un parque, al llegar a casa vomitaban sin parar, pregunté a un pediatra del hospital donde yo trabajo, su respuesta fue: Fina están borrachos. Los madroños llevan gran composición alcohólica cuando alcanzan su mayor grado de madurez. Esta es la parte anecdótica, pero también está la parte más dura del TDAH, la incomprensión, el largo peregrinar hasta conseguir un diagnóstico, los problemas producto de esa impulsividad, esos problemas académicos que conlleva el trastorno, porque en este largo camino no todos los profesores son comprensivos como mi amigo Javier Lozano.

Este trastorno conlleva mucha frustración, muchas dosis de paciencia. Luchar por nuestros hijos para que se conozca qué es el TDAH.

Pero en este largo camino he conocido a personas vinculadas al TDAH maravillosas, gente entregada, luchadora que día a día hace que se conozca y entienda el TDAH como este gran hombre y amigo Javier Lozano.

Otra cosa que llena mi vida en estos momentos es una

asociación que presido y que me hace luchar y tirar para adelante, con la ayuda de otros padres entregados.

Besos y ánimos a todos los que conviven con el TDAH.

Fina Esquín Ruiz
Sant Genis de Palafolls (Barcelona)
Presidenta de la Asociación "TDAH Maresme la Selva"
de Malgrat de Mar (Barcelona)

Beatriz y su mundo

Cómo empezar a contar esta historia... No es fácil. Cuando Beatriz empezó Educación Infantil solo tenía tres años y ya demostraba ser todo un "bichito", traviesa, inquieta en exceso, pero nada que nos hiciese pensar en todo lo que vino después. A los pocos días de empezar las clases, la profesora nos llamó muy alterada y nos dijo que quería hablar con nosotros. Pedimos una hora en nuestros respectivos trabajos y fuimos al día siguiente al colegio para hablar con ella, preocupados y sin saber muy bien qué nos podríamos encontrar.— "No puedo con Beatriz, no para, interrumpe constantemente, va de un lado a otro de la clase cuando no debe y parece que no atiende nunca a lo que le digo. Me desespera. ¿Le ocurre algo que deba saber?" —decía con la cara desencajada.

A partir de ese día vinieron otros muchos llenos de reproches, llamadas de atención, malas caras y muchas reuniones más con la profesora, el jefe de estudios y el director del colegio. Por lo visto no se comportaba como una niña "normal", era infantil (esto me llamó mucho la atención, ya que estábamos hablando de una niña de poco más de tres años...) y si seguía así, no conseguiría superar el curso. Nos trasladaron la idea de que quizás deberíamos pensar en llevarla a un centro "especial" porque ese colegio no era el adecuado para ella. También nos sugirieron que la sacásemos del comedor escolar porque no se comportaba bien. Nos decían que el comedor no era un almacén... como si mi hija fuese una caja de cartón, no me importase nada y la dejase allí por gusto o dejadez en mis funciones de madre ejemplar, pero no podía hacer otra cosa ya que salía de trabajar a las tres de la tarde y mi marido también.

En ese momento empezó nuestro periplo por diferentes pediatras y psicólogos hasta que uno de ellos nos recomendó derivar a mi hija a la Unidad Infanto—Juvenil de Salud Mental de la ciudad donde residíamos, Toledo. Por aquel entonces, hace ya casi 13 años, no existía en esa unidad nadie que nos dijese de manera clara qué estaba ocurriendo, así que una de las psicólogas nos recomendó acudir a la consulta de un reconocido neurólogo infantil en Madrid. Nos confirmó lo que mi marido y yo sospechábamos después de haber pasado noches en vela buscando información en internet y habiendo devorado libros y más libros. Beatriz tenía TDAH y necesitaba medicación aunque solo tuviese tres añitos y medio ya que, tanto el grado de hiperactividad como el de déficit de atención, eran muy severos. El hecho de darle una medicación así a una niña tan pequeña, delgaducha y frágil nos daba mucho miedo así que, después de sopesar los pros y los contras, decidimos que el que sabía de esto era el doctor y si él decía que no había más remedio, había que aceptarlo. Empezó a tomar la medicación y se notaron algunos cambios muy rápidamente, pero los profesores querían más, querían que esas pastillitas fuesen el milagro que convirtiese a mi hija en una niña dócil, aplicada y tranquila, no sabían todo el trabajo que había detrás en casa con ella...

Pasaron dos años y todo siguió igual, aún después del diagnóstico y la medicación.

Era tan llamativo su comportamiento que pronto se convirtió en la diana de todas las burlas dentro y fuera del aula. Especialmente doloroso para ella era el recreo porque siempre recibía algún empujón o le quitaban el bocadillo. Muchas veces los chicos de su clase le pegaban. Recuerdo un día en el que vino con un mordisco en la espalda y un tremendo dolor de estómago. Ella no nos decía nada, pero le seguía doliendo y al llevarla al pediatra nos dijo que tenía una hernia umbilical, posiblemente provocada por un fuerte golpe en el estómago... Ya no sé las veces en las que los médicos nos miraban mal por llevarla a las revisiones con las piernas y los brazos tapizados de moratones y arañazos, supongo que llegaron a pensar que pegábamos a Beatriz. Fue muy duro.

Reconozco que a veces salía del trabajo a la hora del café para acercarme al colegio y mirar furtivamente detrás de las verjas del patio. Ella siempre jugaba sola, debajo de un árbol, inventando historias que acompañaban su soledad y amigos imaginarios que la cuidaban y defendían de los "matones" del recreo. También sé que inventaba fiestas de cumpleaños a las que nunca iría. A mí se me partía el alma cuando la veía cada día así y siempre volvía llorando al trabajo.

Un día, al recogerla en el colegio observé que tenía una herida en la parte superior de la cabeza, donde se tiene la raya del pelo. Le pregunté si alguien se había peleado con ella, si le dolía y si se lo había dicho a la profesora, pero lo único que hacía era taparse la herida con una mano y pedirme por favor que nos fuéramos a casa. Ya en casa le comenté a mi marido lo sucedido y entre los dos volvimos a preguntar a Beatriz. Resultó que la profesora en un ataque de histeria y viéndose incapaz de "domar" a mi hija le dio unos cuantos coscorrones clavándole el anillo hasta hacerle herida y sangre. Ese fue el momento en el que casi perdemos las formas... Intentamos recomponernos y fuimos al día siguiente al colegio con la intención de pedir explicaciones a la profesora y al director. Todo fueron evasivas, que si Beatriz tiene mucha imaginación, que los niños mienten, etc., así que decidimos ir a la Inspección de Educación para saber cómo podíamos conseguir que esta profesora reconociera la agresión y asumiese las consecuencias. Días después de hablar con el inspector supimos que al colegio se le dio un "toque de atención" por este asunto y a partir de ese día todo empezó a ir a peor.

Nos sentíamos observados, juzgados y a la entrada del colegio se hacían corrillos de padres que nos miraban pero ya no se acercaban a hablar con nosotros de cómo había ido la mañana. Llegó un momento en el que la situación se hizo insoportable en casa, en el colegio, en el trabajo y con la familia, que por aquel entonces no nos apoyó como necesitamos y no entendió lo que era el TDAH y el efecto devastador que estaba teniendo en nuestras vidas.

Vivimos dos meses muy duros después porque mi hija le tenía miedo al colegio y yo notaba cómo le temblaban las manos cuando nos acercábamos a la verja de entrada. Le dio por vomitar el desayuno cada día para retrasar lo máximo posible la salida de casa... por eso durante esos dos meses siempre llegábamos tarde.

Una noche, mi marido y yo nos miramos a la cara y hablamos de la situación con la calma que un ambiente de estrés constante nos permitía. Esa noche decidimos que no sería suficiente con cambiar a nuestra hija de colegio porque el caso de Beatriz había corrido como la pólvora por todos los centros escolares. Hablamos y hablamos durante horas y recuerdo que lloramos mucho, pero tomamos una decisión. A la mañana siguiente, me despedí de mi trabajo y mi marido pidió el traslado a Zamora, ciudad que ya conocíamos porque mis padres son de aquí y era donde había pasado yo mis vacaciones infantiles. Buscamos casa y colegio y nos fuimos de Toledo cuando el curso aún no había terminado. Dejamos atrás familia, amigos, ambiciones personales y profesionales. Sólo os puedo decir que ha sido la decisión más difícil de mi vida, pero de la que me siento más orgullosa porque ganamos con el cambio y el nuevo colegio nos acogió con los brazos abiertos. Siempre estaré agradecida a esos profesores que tuvieron el coraje de trabajar con Beatriz y tomárselo como un reto personal en sus carreras, porque supieron sacar de una niña que venía rota, todo lo mejor que guardaba y guarda en su interior.

Pasados los años, Beatriz ahora es una adolescente que cursa 4º de E.S.O., es moderadamente feliz y hace amigos por donde quiera que vaya. Es intuitiva, emocional y con una empatía maravillosa. Las dificultades siguen ahí, pero las afrontamos juntos en familia porque sabemos que el TDAH acompañará su camino siempre.

Doy las gracias a mi marido por haber estado junto a mí, codo con codo en esta odisea porque sin él no hubiera podido. Lo sé. Aunque a veces vayamos a dos velocidades diferentes (yo soy hiperactiva e impulsiva y él tranquilo y con una dosis considerable de déficit de atención) siempre hemos tenido el mismo objetivo y hemos ido en la misma dirección. Esto no debería ser la excepción, sino la norma.

He conocido familias en las que es la madre la que lleva todo el peso de esta lucha y eso no es justo para ella ni para sus hijos. Es algo que no alcanzo a comprender a día de hoy. ¿Es que acaso no son hijos de ambos? ¿Es que el bienestar emocional de los hijos es solo cuestión de las madres y ante una dificultad importante la mayor parte de los padres desaparecen? Espero que esto cambie por el bien de todos y que el porcentaje de padres luchadores aumente hasta igualar al de madres.

Hablando de madres, hace algo más de dos años conocí de manera casual a un grupo de mamás con hijos TDAH, nos unimos y decidimos crear una asociación en Zamora. Empezamos ocho familias y ahora somos más de cuarenta, su nombre es AZADAHI y la que os escribe estas palabras es su orgullosa presidenta. Son mi segunda familia y si mi experiencia sirve para que ningún niño sufra como sufrió Beatriz o para que ningún padre se encuentre perdido y solo, entonces todo habrá merecido la pena.

Nélida del Estal Sastre
(Zamora)
Presidenta de "AZADAHI" de Zamora

No rendirse ante el TDAH, se puede hacer mucho

Me encantaba leer revistas y artículos de educación, siempre me planteé hacerme maestra, profesión muy interesante, constantemente acompañada de niños, generación tras generación, es la profesión donde mejor ves los frutos de tu trabajo. Pero me decanté por otra al ver la alta tasa de profesores desempleados en Mallorca.

Parecía que el destino me impedía ser madre, pasaba un año, otro y otro… y en un momento de desolación al ver fallecer a familiares muy cercanos, pensé que yo necesitaba tener descendencia, precisaba sacar todo el amor que guardaba en mi corazón y tener un motor de vida, una familia sin hijos, sin chiquillos revoloteando es muy aburrida. Los mismos deseos tenía mi marido. Una noche vimos un reportaje de orfanatos chinos, se nos puso la piel de gallina y a la vez se nos iluminó una luz: adoptaríamos uno. Fuimos a informarnos del proceso y lo iniciamos, primero nacional, pero aquello no era fácil, volvieron a pasar unos años y nuestra desesperación iba creciendo. Nos acercamos a la institución encargada y nos dijeron que había mucha cola, años de espera y que por qué no nos decidíamos por una adopción internacional. Lo pensamos, reflexionamos y nos liamos la manta. Solo nos faltaba una entrevista más con una asistente social y estudiarían nuestra idoneidad para ser padres adoptivos. Primero nos decantamos por Bulgaria por la facilidad en que concedían las adopciones pero al final terminamos con Rusia. Poco a poco veíamos cumplir nuestro sueño de ser padres.

Tras una larga espera, gestiones burocráticas… viajamos a Rusia a conocer y a adoptar a nuestro hijo. No creo que pueda haber felicidad tan grande cuando te diriges hacia el orfanato y recibes el primer abrazo de aquella personita indefensa, con hambre de amor y nosotros rebosando.

Al principio todo era muy bonito, vivíamos una luna de miel con nuestro hijo recién llegado. En la guardería era el rey, cabecilla, siempre feliz, juguetón, se reía por nada, tenía mucha imaginación, no paraba, todo lo tenía que descubrir, vivía a tope. Pensábamos que se quería poner al día de los dos años y medio que pasó en el orfanato.

Acabó el curso en la guardería y en septiembre, con sus tres añitos y poco, empezaba su etapa escolar en un colegio que presume ser buen colegio, con altos resultados y un gran equipo de orientación y atención a la diversidad. Allí empezó un largo peregrinaje, humillación, incomprensión, castigos (sentarse en la sillita a pensar por hacerse sus necesidades encima, no parar de jugar cuando tocaba estar sentadito en clase con las tareas, constantes llamadas de atención. Yo les decía que tuvieran en cuenta que solo hacía un año que habíamos llegado a España y que su vida había dado bastantes tumbos. Me decían que era una exagerada que ya debería ponerle muchos límites y normas, que si no lo hacía ahora, con tres, cuatro… no lo conseguiría después. Al niño siempre le veía muy triste, no era aquel que siempre reía y disfrutaba jugando, siempre risueño, el juguete de sus cuidadoras, ahora era la pesadilla de sus profes.

Me aconsejaron que hiciera alguna extraescolar como baloncesto. Le encantó la experiencia de no ser porque algunos compañeros le recordaban constantemente lo mal que lo pasaba en el cole, ya que cuando me veían me decían enseguida que había hecho pis encima, que lo habían castigado… Era un acoso constante. En un principio las madres de sus compañeros se lo tomaban a risa pero luego ya no le querían en casa, porque no recogía los juguetes, porque los sacaba todos de golpe y luego no los quería recoger, porque solo quería los juguetes que tenían los otros niños y porque siempre estaba en conflicto… no contaban con él en sus cumples… Yo pensé que todos se ponían en contra nuestra, que sentían envidia… la verdad es que me sentía mal, no dormía por las noches, solo de pensar en lo injusta que era la situación del niño. Mi marido me decía que era una exagerada, que tenía al niño demasiado mimado y que a lo mejor habría que ser más estricta con él. Lo apuntamos a clase de natación ya que un familiar tenía una barca y nos encantaba navegar y queríamos que el niño aprendiera pronto a nadar. Por el horario lo llevaba él y siempre venía enfadado ya que el niño no esperaba turno para tirarse a la piscina, no escuchaba cuando le decían que mirara el techo... Tenía una angustia... Poco a poco iba viendo que en todos los ámbitos había problemas: cole, extraescolares, cumples, en casa, con la familia... llegaba a pensar si la culpable era yo que no lo estaba educando.

Llegó el momento de la primera comunión y la cosa se iba acentuando más, tener que asistir a misas familiares que, aunque reconozco que el cura era un chico joven, muy innovador y las hacía muy amenas, para el niño eran una pesadilla. Pasamos a cuarto de primaria y la cosa se acentuaba mucho, se revelaba a los profes, se enfadaba con sus compañeros, siempre en casa estaba triste y enojado. En una visita rutinaria al pediatra se lo comenté, nos hizo un volante para que lo examinaran en la USMIJ y nada más entrar y estar un rato en la sala, la psiquiatra me dijo que sin lugar a dudas era un TDAH de manual, que hiciéramos la prueba del Rubifen, es decir, que tomara una pastilla y como el efecto es de cuatro horas nos serviría para observarle. Pues me cambió al niño, más tranquilo, más colaborador, más observador, la caligrafía insuperable... Se terminaba una etapa de incertidumbre. ¿Qué hacía mal para que el niño me reaccionara de aquella forma que hacía que todos lo despreciaran, criticaran...? A empezar otra en la que debía medicarle con estimulantes. Se me cayó el mundo encima. Nos remitieron a la asociación de padres donde encontré apoyo psicológico, formación e información sobre el trastorno. Fui con el diagnóstico al cole y la tutora me dijo "otro con la enfermedad de moda". Fueron muchas las visitas a la psicóloga de la asociación, al tutor, al departamento de orientación, pero de nada servían, no querían cambiarles los métodos, nos decían que el niño era muy inteligente y que lo que hacía era burlarse de nosotros que lo teníamos muy consentido, propio de los hijos adoptados. Era desesperante.

Como en aquel entonces nos habíamos trasladado a una barriada a las afueras de la capital nos comentaron que había un colegio público con fama de muy bueno y familiar. Nos informamos y para allá que solicitamos el traslado de expediente. AGUA BENDITA!!!!! Menudo cambio, cómo no había caído en que no tenía que cambiar al niño sino a sus educadores que no entendían lo que estaba pasando y en vez de ayudarle lo hundían más, bajándole la autoestima, desprestigiándole ante sus compañeros ya que de por sí ya tenía dificultades de relación. En este colegio cursó quinto y sexto de Primaria y lo sacó todo en junio con buena nota. Pasamos al Instituto y de nuevo la historia que se repite, nos encontramos con profesores por la labor de ayudar y concienciados y a otros que nos repetían las mismas historias, que el niño se estaba riendo de nosotros. Conseguimos llegar a cuarto de la ESO con mucho esfuerzo, clases de refuerzo y, como caída del cielo, apareció una PT que le habían asignado, ya que el niño no quería ir a diversificación de ninguna de las maneras pese a los esfuerzos que hicieron sus profesores. Esa PT, un ángel para nosotros lo sacaba una hora a la semana para revisarle la agenda y entrenarle en su uso. Se preocupaba de hablar con los profesores para saber qué entraría en los exámenes y el nivel de exigencia. Le preparaba esquemas, resúmenes, le animaba para que él los hiciese, le hacía un cuadrante con la planificación... por e—mail nos mandaba resúmenes, notas. Daba igual que fuese de noche, domingos, siempre atenta al correo. Gracias a su ayuda consiguió recuperar dos asignaturas de tercero y todo cuarto en junio. Le dio tal inyección de autoconfianza, autoestima... que se vio capaz en verano de sacarse el titulín de náutica, que lo sacó sin problemas. ¡Dios mío! ¿Por qué a esta persona no la teníamos que haber conocido antes? ¿Por qué el niño tuvo que sufrir tanto, ser víctima de desprecios, humillaciones, castigos...? ¿Cuesta tanto a un profesor hacer bien su trabajo?

La cosa no acaba aquí, estamos en la adolescencia, en pleno apogeo, en la peor etapa de la vida, rodeado de graves problemas por susceptibilidad, drogas, alcohol, sexo, paro...

Yo sé que me queda mucho por recorrer a su lado pero siempre me va a tener. La vida con un TDAH tiene su parte negativa pero si entras en su mundo es algo maravilloso, descubres la inocencia, la creatividad, las ganas de jugar, divertirse, ser feliz, la gran capacidad de dar la espalda a lo negativo y no atormentarse, el espíritu de lucha, justicia, el afán de superación...

Marga M.
Palma de Mallorca

Mi pequeña historia...

Reconocer que algo no iba bien desde que mi hijo nació parece algo exagerado, pero, haciendo honor a la verdad, creo que así fue. Mi chico no dormía bien, tenía muchos cólicos y esta situación "bucle" nos puso a prueba desde el principio, a su padre y a mí. Noches sin dormir, biberones interminables para evitar exceso de aire, lloros intensos y así varios meses, esos primeros meses que para tantos padres resultan idílicos, para nosotros fueron un desastre.

Su necesidad de movimiento era más elevada que en otros niños de su edad y la guardería, un entorno pequeño y cerrado, no fue lo más ideal para él aunque estuviese pocas horas al día. Es allí de donde recibimos los primeros toques de atención sobre su agitación, su reticencia a cumplir algunas normas y sus castigos sentado en el cuarto de los bebés...En esos años, tuvimos que ir varias veces al servicio de urgencias y de esa época tiene en su cara y cabecita, algunas cicatrices que llevará de por vida, aunque esas no son para nosotros las más importantes.

Recuerdo cómo en fríos días de invierno, su padre tenía que salir al parque con él muy temprano, porque solo en espacios abiertos y corriendo, mi hijo se sentía aparentemente bien. Ni qué decir tiene que el que corría detrás de él al mismo ritmo era su padre, yo, me quedaba en casa como paralizada, deseando que se fueran y a la vez que volviesen a los cinco minutos, toda una contrariedad que me ha acompañado durante muchos años más tarde.

Llegó el comienzo del primer curso de Educación Infantil; siempre recordaré ese primer año, como uno de los que más lloré y más angustia y ansiedad sufrí. Desde mi ventana veía cómo mi pequeño con tres añitos se quedaba los recreos castigado en una esquina, reprendido por unos y otros, a él que tanta falta le hacía moverse, y de ver al mismo tiempo, cómo los demás niños le provocaban para hacerle mover del sitio y ser así castigado de nuevo. No he sido capaz en todos estos años de olvidar ni de perdonar y lo siento en el alma por aquellos profesores que no quisieron o supieron hacer otra cosa, pero me siguen viniendo a día de hoy imágenes nítidas a mi memoria de aquellos días, y de otros en los que iba a buscarle y le apartaban bruscamente de la fila para dejarle el último, porque era incapaz de guardar turno. Era su primer año de colegio, con todas nuestras ilusiones puestas en él, no había mamá que fuese más contenta a llevarle y recogerle que yo y que siempre volvía a casa con el corazón roto.

Con cuatro años decidimos buscar ayuda de una profesional que nos enseñó a aplicar normas y límites. Nuestro hijo respondió bien y mejoró bastante, sobre todo por la constancia, perseverancia y gran cariño de su padre, pero al llegar a primaria el mundo se nos desmoronó de nuevo, porque enseguida recibimos quejas de su tutora y del resto de profesores y todas en el mismo sentido; está agitado, molesta a sus compañeros, se frustra con facilidad, no sabe realizar trabajos en equipo...Algo se nos seguía escapando; no había padres más pendientes que nosotros de nuestro hijo, con más rutinas, normas, que habían sido entrenados durante un largo año en el mundo de las técnicas de modificación de conducta, economía de fichas, retirada de privilegios, refuerzo positivo...que aplicábamos "a raja tabla" desde el minuto uno, sobre todo por mi querido Jorge, padre de mi hijo. Yo me sentía triste, angustiada, llena de ansiedad y miedos, porque por otro lado, mi hijo destilaba alegría, ingenio, creatividad, humanidad y tantas cosas maravillosas que me resistía a pensar que solo se caracterizara en el aula, por los llamados comportamientos disruptivos.

Por casualidad alguien me habló de ATENCIONA, una asociación que trabaja con niños hiperactivos, que aunque se nos había dicho que nuestro hijo no lo era (el pediatra de cabecera, la súper—psicóloga del Centro de Salud mental que después de una asombrosa observación de diez minutos concluyó que el niño era un niño normalizado...) acudí después de la enésima queja de su tutora. Allí nos dieron la respuesta a algo que andábamos buscando, nos dieron apoyo tanto al niño como a nosotros, de una manera profesional pero cálida y cercana, algo que tanto necesitábamos, sobre todo yo. A partir de ese momento, nos metimos de lleno a formarnos sobre el trastorno, entendimos qué era lo que le estaba pasando a nuestro hijo, aceptamos que ese trastorno existía y que a mi hijo le había tocado "en suerte". El trabajo de esta Asociación, la medicación que ayudó a centrarle y controlar sus impulsos, unido a nuestro propio trabajo, fueron haciendo que nuestro hijo mejorara y que tomara conciencia de que había algo que le diferenciaba del resto de sus compañeros, pero que no le impedía ser lo que es hoy en día (un niño maravilloso), y aunque a veces hay pequeños retrocesos, estoy segura de que todo irá con el tiempo a mejor; debe ir a mejor.

Mi testimonio por tanto es de aliento y esperanza, de gratitud enorme a mi marido, sin el cual mi hijo no hubiese salido adelante como lo ha hecho, por su firmeza, saber hacer, por estar siempre a mi lado, y por trabajar como lo hizo y como lo sigue haciendo. Decir que yo no saqué el valor ni la fuerza ni el optimismo que se le supone a las mamás que tienen algún hijo con problemas... es decir esas madres que pueden con todo y que son el mástil de la casa... yo fui y soy una acompañante, a veces muy débil, otras más serena y firme, que a ratos sigue viéndolo todo negro, pero que por suerte tengo a alguien a mi lado que me recuerda siempre que el trabajo, la constancia y el cariño que les ofrecemos a nuestros hijos dan sus frutos ahora y en un futuro.

Asunción García Cabrero
(Zaragoza)
Presidenta de "ATENCIONA" de Zaragoza

Mi mundo después de vos

Hace poco más de diez años que puedo decir que mi vida cambió radicalmente. Si bien Emi es mayor que Matías y el nacimiento de un hijo te cambia la vida y la forma en que ves el mundo, con él fue distinto, especial. Y por qué digo eso, porque se hizo notar desde pequeño, desde recién nacido. Ya sea que lloraba sin parar, o porque tenía espasmos de sollozo, o porque vivía enfermo con neumonías. Pero fue puntualmente en el jardín de infantes, en la segunda sección, cuando nos empezaron a citar por la falta de integración de Matías con sus pares, problema que cinco años después todavía está presente. Ya en la tercera y última sección también se sumó la falta de concentración.

Y así empezó la primera consulta, a los cinco años, con un neurólogo que venía cada tanto a nuestra ciudad. Pero fue fallida, porque el diagnóstico que nos dio, después de hacerle un electroencefalograma y una resonancia de cerebro, fue que no tenía nada. Me acuerdo como si fuese hoy, ante mi insistencia después del diagnóstico, dijo que era un niño sano, que parecía que lo queríamos enfermar... En ese momento ya había empezado con sesiones de psicopedagogía.

De más está decir que las dificultades continuaron y se fueron agravando cuando comenzó el colegio, con la diferencia que ahora el centro de "ocupación" del Gabinete Escolar fue el rendimiento académico quedando pospuesto el problema social que se había detectado en el Jardín.

El primer año del colegio transcurrió esperando que se hiciese el tan famoso "CLICK"... digamos que jamás llegó. A fuerza de muchas lágrimas, peleas con él, al fin terminamos con una maestra particular que fue la que ese año lo ayudó a compensar lo que no hacía ni aprendía las cuatro horas de clase.

El segundo no fue mucho mejor que el primero. Empezó nuevamente con las sesiones de psicopedagogía, volvimos a la consulta con otro neurólogo, pero esta vez viajamos a Mar del Plata, quien lo diagnosticó con TDAH y lo medicó con metilfenidato, medicación según él suficiente como para que mejorara la atención en el colegio. La verdad yo no sé bien qué pasó, si el médico fue muy optimista, la medicación no hizo efectos, o el acompañamiento pedagógico no fue el indicado. Lo que sí sé que fue muy doloroso escuchar a mi hijo de siete años decir que la pastillita no había hecho efecto porque no había terminado de copiar ni de hacer la tarea.

Terminó ese año, vino el verano y jamás volvimos a viajar a ver a ese neurólogo.

El tercer año no fue tampoco distinto que los dos anteriores. Las dificultades iban acrecentándose al ser mayores las exigencias académicas y más notable también el atraso que iba acumulándose. Pero esta vez decidí ir un poco más lejos. Nosotros vivimos en una ciudad pequeña, para tener acceso a una buena y especializada atención médica debemos viajar a las grandes ciudades. Primero recurrimos a las más cercana y cuando no fue suficiente, decidimos ir hacia la capital del país, Buenos Aires, donde se supone que está lo mejor.

El neurólogo que nos atendió está considerado una eminencia. De más está decir que las eminencias no atienden por la obra social, las consultas y/o estudios son particulares y bien caros por supuesto!!!! En fin, el neurólogo confirmó el diagnóstico de TDAH y además le hizo otros test y estudios para saber qué otras comorbilidades tenía o sea, en palabras de él, “hilar más fino”.

Hoy día contamos con un diagnóstico más fino, más detallado, más exacto, pero lamentablemente no ayuda mucho. Convengamos que por razones tanto económicas como por falta de profesionales y docentes capacitados en nuestra ciudad, todo lo que se suponía que teníamos que hacer con él fue imposible. Pero no pienso bajar los brazos, no puedo aunque más de una vez me den ganas.

Cada año es un reto nuevo, un volver a empezar, un deambular de profesionales, de docentes y él también se cansa. Quizás hay algo que todavía no entendí o quizás no quiera entender.

Ana Carolina Juárez
General Madariaga (Buenos Aires)
Argentina

¿Quién dijo que ser padre fuese fácil?

¿Quién dijo que ser padre fuese fácil? Con nuestro hijo nada lo fue desde un principio.

Quizás podría haberme remontado al pasado y haber empezado a enumerar rasgos y peculiaridades de mi hijo, sus primeras reprimendas en la guardería, sus continuos castigos en el colegio, nuestro desconcierto, nuestra angustia.

Quizás podría haber relatado que fueron unos años duros, donde las peleas entre mi mujer y yo eran habituales ante un niño que nos sobrepasaba, que nos desbordaba, que no sabíamos por donde coger.

Quizás podría haber narrado el largo peregrinaje por psicólogos, centros, asociaciones, especialistas, el primer día que le dimos la medicación…

Quizás podría haber incidido en los aspectos más tristes o desalentadores del TDAH.

Pero lo que quiero transmitiros a todos aquellos que leáis estas líneas es ESPERANZA.

Esperanza y fuerza para recorrer este largo y arduo camino de la educación, la convivencia y el día a día con nuestros hijos.

Esperanza porque los padres tenemos en nuestras manos la posibilidad de hacer que nuestros hijos salgan adelante.

Esperanza porque, además de la ayuda de terapeutas, profesores, medicación etc. Nosotros, los padres, tenemos con nuestra perseverancia, nuestra paciencia, nuestra confianza y sobre todo nuestro amor, la llave para que nuestros hijos crezcan felices.

Debemos disfrutar con ellos de cada paso, de cada logro, por pequeño que sea, como si fuera el mayor de los triunfos, y hacérselo saber, ya que es necesario que sientan que son muchas las cosas que hacen bien, para que su autoestima, muchas veces maltrecha, se sienta reconfortada y reforzada.

Si bien es cierto que cuando todo parece ir encaminado, en ocasiones se producen retrocesos en la conducta de nuestros hijos que hacen tambalearnos, no desesperéis, ya que posteriormente vendrán avances que nos devolverán nuevamente la ilusión y la esperanza.

Es importante intentar ponernos en su lugar para comprender como pueden sentirse y de esta forma ayudarles, no siendo, en muchas ocasiones, demasiado duros con ellos

A aquellos padres que se sientan perdidos, que sospechan que algo no va bien, que visiten a su pediatra para exponerle sus inquietudes, y si aún así persisten las dudas , que se dirijan a alguna asociación, que no dejen pasar el tiempo esperando que al niño "se le pase con la edad".

Estas últimas líneas quiero dedicárselas a mí niño, por todo el esfuerzo que sabemos que hace por mejorar día a día, y a mi mujer, que gracias a su intuición, su entrega y su amor ha conseguido ir encauzando la vida de nuestro hijo y por tanto, la nuestra.

Jorge Galán Gracia
(Zaragoza)

¿Qué le pasa a mi hijo?

Desde estas líneas quiero explicar la evolución que hemos tenido con nuestro hijo, que actualmente tiene trece años recién cumplidos, desde 3º de Primaria, que es cuando nos indican que puede tener algún problema con la atención en el colegio, hasta hoy después de cuatro años y medio.

Inicialmente me gustaría comentar que mi hijo es el mayor de dos hermanos con una diferencia de quince meses. Entre los dos se llevan muy bien, juegan juntos, tienen amigos comunes y la convivencia es perfecta. Es un niño muy cariñoso, amigo de sus amigos, por eso mismo me preocupó todo lo que sufrió en 3º de Primaria, que es cuando nos informaron del problema.

Nosotros observamos en ese curso que llegaba a casa muy triste, lloraba demasiado, se sentía incomprendido además de que se culpaba a sí mismo de la situación, se menospreciaba, se sentía como el tonto de la clase, no se enteraba de las cosas, se burlaban de él. Sentía una gran preocupación porque no sabía qué ocurría, veía a mi hijo desanimado, con la autoestima por los suelos. Nos pusimos en contacto con el colegio, el psicólogo le hizo una serie de pruebas, no conozco cuales fueron exactamente, pero nos llamaron y nos indicaron que efectivamente se despistaba mucho, no se enteraba de los deberes que tenía que hacer, cualquier cosa le distraía, en definitiva la situación no se podía alargar más.

Nos aconsejaron ir a un optometrista para ver si tenía problemas de lateralidad, efectivamente se confirmó el diagnóstico y estuvo bastante tiempo haciendo ejercicios. Posteriormente fuimos a una psicóloga para que nos diera su opinión, y esta fue que el niño no tenía ningún problema psicológico, pero nos dio la idea de ir a una neuróloga infantil y comprobar si existía algún problema con el déficit de atención.

Nos pusimos en manos de una experta en este tipo de casos, le hicieron unas pruebas específicas (una cartografía cerebral), el resultado fue claro y conciso: El niño tiene un déficit de atención sin hiperactividad.

Como padres nos empezamos a preguntar: ¿Qué es esto? ¿Cómo se cura? ¿Qué tratamiento tiene? ¿Se curará algún día? ¿Cómo le puede afectar en un futuro cuando vaya creciendo? ¿Qué efectos secundarios tiene la medicación? ¿Cómo puede ser que una pastilla haga que mi hijo preste más atención? Y así un sinfín de preguntas para las que aun a día de hoy no tengo respuestas.

Yo no me explicaba que si había algún problema con el niño no lo hubiese detectado ningún profesor desde infantil hasta 3º, ellos son profesionales y deberían haber visto algo en el niño antes, atajarlo a tiempo.

Yo, como padre, no quería admitir que a un niño que iba justo en colegio, al que le costaba concentrarse un poco más que a los demás, me dijeran que tenía un problema o una enfermedad y que había que medicarlo, máxime cuando él iba sacando todos los cursos aprobando en junio, con mucho esfuerzo por parte del niño y de la madre, pero los sacaba. Mi pensamiento era: "que cuando era niño a mí me pasaba lo mismo y nunca me dijeron ni que estaba enfermo, ni tomé ninguna pastilla para concentrarme". Yo decía que de los dos hijos, a uno le costaba un poco más que al otro concentrarse y punto, y que con el tiempo se resolvería. Tampoco me creía, ni entendía cómo podían haber diagnosticado el déficit de atención a mi hijo de una manera objetiva, real, es más, llegué a pensar que era una moda de los médicos, ya que nunca se diagnosticaban tantos casos como ahora. Finalmente la neuróloga nos dijo que era un caso claro, pero que teníamos que estar convencidos mi mujer y yo.

La doctora nos informó sobre la posibilidad de medicarle, me negué con rotundidad, no quería que mi hijo tomase medicación tan fuerte y con tantos efectos secundarios, mi mujer dejó una puerta abierta al tratamiento. Hablamos con mi hermana, que es profesora de Infantil en un colegio de Zaragoza, lo comentamos con mi cuñada que es médico de familia, me fueron convenciendo de la idoneidad de probar la medicación. La neuróloga recuerdo que me dijo "si vemos que no funciona se cancela el tratamiento y estudiamos otra posibilidad". La doctora nos tranquilizó, nos explicó que tomando la medicación el niño cambiaría, su autoestima crecería mucho, el ambiente en casa mejoraría, las discusiones en casa eran casi diarias por este tema, ya que no nos poníamos de acuerdo.

Yo seguía siendo reacio al tratamiento porque no lo veía nada claro. Era incrédulo

Durante el tratamiento:

Lo que tenía claro que mi hijo no podía seguir así, lo estaba pasando fatal.

Empezamos el tratamiento y notamos en el niño un cambio radical a corto plazo, en dos o tres días lo vi más centrado, se enteraba de los deberes, podía copiar cosas de la pizarra a su papel, él estaba contento y por ello yo me sentía más animado.

Menudo cambio, había compañeros que hasta le llamaban para que les dijese los deberes. La tensión en casa fue desapareciendo, el niño parecía otro.

Con la medicación seguía un poco preocupado por los efectos secundarios. No podía entender como una pastilla le pudiera cambiar tanto.

Después de varios años del tratamiento:

Estoy muy contento, ha sido un cambio total, también fue un problema el colegio, que según qué profesores no aceptan a este tipo de alumnos, los tratan como a los demás y no entienden su problemática. El colegio al que iba antes es como un tren que va pasando por las diferentes estaciones sin entender que hay niños de diferentes niveles, de hecho es un colegio del que salen bastantes niños porque se quedan descolgados. Mi hijo acabó hasta 1º de la ESO, pero el esfuerzo realizado no tenía nada que ver con los resultados obtenidos, esto nos producía una labor psicológica con él muy grande para que no se hundiera, porque trabajaba muchísimo.

En la actualidad aún estoy más satisfecho por el cambio de

centro, la doctora todos los años en las revisiones no nos hablaba bien del colegio y decía que lo cambiásemos. Para nosotros era un riesgo grande ya que, a la dificultad académica de hacer un curso superior, había que añadir la dificultad de cambiar de centro con amigos, profesores y entorno nuevos.

El día que le dimos la gran noticia se alegró mucho. Como nos dijo una vez este año: "por lo menos en este colegio nos preguntan para ver si hemos estudiado y nos sabemos la lección, no van a pillarnos en los exámenes"

Como niño que es tenemos el cuidado suficiente para que no se relaje, lo más positivo que sacamos del colegio anterior ha sido la capacidad de esfuerzo que él ha tenido siempre, lo que le está suponiendo una mejora en el rendimiento académico. Debemos de tener cuidado porque hay veces que puede usar esta "anomalía" para aprovecharse de la situación. Tenemos que insistir mucho con el tema de la lectura, ya que es este punto en el que tiene que desarrollar la atención y la memoria para demostrar que se ha enterado.

Sí que es cierto que debemos estar muy encima para que no se olvide de nada, haga todos los deberes y no se haga el olvidadizo, ya que se puede aprovechar de las circunstancias.

En definitiva, hoy en día estoy tranquilo, veo muy bien a mi hijo.

Manuel García Brizzolis
(Zaragoza)

Lo que nunca debería suceder por un mal diagnóstico

Todo empezó con un "Carla, estate quieta", "Carla eres insoportable, no hay quien te aguante", "Carla para YA!" Estas simples frases se repetían constantemente en mi cabeza, los profesores no eran capaces de decirme nada más, simplemente eso. Estaba harta y solía llegar muy triste a mi casa, incluso diciendo que esos, los que se suponía que me tenían que ayudar, me tenían manía aunque ellos no lo aceptasen. Mi madre, que al ser maestra sabía de qué se podía tratar, se lo expuso a mis profesores con la finalidad de ayudarme y hacerme feliz, ya que en ese momento no lo era. Ella veía que había cosas en mí que no eran normales, no era capaz de mirar una película, como tampoco de jugar con las muñecas, cosa que a mi madre le hubiese encantado, igual que si hubiese sido bailarina. Un día le dijeron a mi madre que el ballet no era para mí, por fin entendieron que era imposible que estuviese una hora callada solamente haciendo un "plié" detrás de otro.

Los profesores, que mucho del tema no debían entender, siempre le decían a mi madre que ella era una exagerada, que las cosas que decía no eran tan importantes y que yo era una cría normal, simplemente que estaba muy consentida y era una malcriada. Eso era lo que le querían hacer entender a mi madre, pero en realidad todos sabían que mis comportamientos no eran normales y si no lo sabían no puedo comprender por qué sus comentarios en las notas siempre decían lo mismo. Ponían cosas como "sus notas son muy buenas pero su actitud en clase es pésima, falta el respeto a los profesores y a los compañeros y si no cambia no irá bien". Qué pesados siempre con lo mismo, me decían que si seguía así mi futuro sería bastante malo y que nunca podría sacarme nada. Simplemente ellos no entendían que yo tenía un problema.

Mi madre, que siempre ha estado a mi lado y por supuesto es

gracias a ella que soy como soy, empezó a sospechar más de la cuenta y como vio que en la escuela no hacían nada para ayudarme, decidió llevarme al psicólogo, ya que los problemas no solo persistían en el aula sino que ahora era también los tenía con los compañeros, e incluso con mi familia.

Quizás os parecerá que esto es una estupidez pero a quien más daño hacemos los niños con TDAH es a las personas que más nos ayudan y a las que más queremos.

Los días fueron pasando e ir al psicólogo era una de las mejores cosas que podía hacer, él me escuchaba y me daba consejos, ambas cosas muy buenas pero la primera me fascinaba, nunca nadie antes me había escuchado y se había parado a entender mi mundo, los otros solo se limitaban a decir "Ya sabemos cómo es Carla". Incluso con el diagnóstico en mano se atrevieron a decir que eso no era lo que me pasaba y que no lo querían aceptar. Esos últimos años de la E.S.O fueron horribles. El TDAH sin diagnosticar junto con la adolescencia hicieron de mí un volcán en plena erupción. Puedo decir y afirmar que cuando eres TDAH y no estás correctamente diagnosticado tu vida es un desastre.

Al pasar a bachillerato y estar ya diagnosticada de TDAH decidí cambiar de compañeros, de colegio y también de pueblo, cosa que me hacía empezar de cero y es una de las mejores cosas que he podido hacer nunca. Me acogieron como una más, nunca han tenido prejuicios sobre mi trastorno e incluso han hecho que pasara desapercibido y sobre todo mi vida ha cambiado por completo.

Ahora soy otra Carla, ni mejor ni peor, simplemente diferente, capaz de estar quieta durante mucho rato, poder tener conversaciones con la otra gente, no querer ser siempre el centro de atención e incluso mantener una relación sentimental, cosa que antes era imposible porque me cansaba muy rápido de las personas.

Desde aquí os animo a seguir luchando por el TDAH, por vuestros hijos, parejas o quien lo padezca, porque tener ese trastorno nos hace especiales y solamente esa gente que quiera entendernos realmente lo hará. Nunca dejéis que una puerta se cierre por culpa del TDAH porque no hay nada más bonito en esta vida que poder luchar hasta el final por lo que uno quiere. Gracias a todo el esfuerzo que he hecho durante estos años, a día de hoy estoy acabando segundo de bachillerato, tengo las puertas abiertas a la universidad, estoy muy orgullosa de mi misma y sobre todo soy muy feliz.

Carla Chiloeches Giraldo
17 años, 2º de Bachillerato
Tordera (Barcelona)

La dislexia me impulsó a estudiar un doctorado en Educación

Me gustaría contarles mi historia como disléxica no diagnosticada y señalada en la infancia como la niña "burra". Ahora tengo treinta y nueve años. La primera vez que escuché la palabra "dislexia" fue a los veintiocho años cuando en Inglaterra uno de mis profesores de máster me comentó que podría tenerla, y a los treinta y tres se me diagnosticó y desde entonces entiendo el porqué las malas notas del colegio.

Mis recuerdos, que me vienen a la mente sobre mi infancia en el colegio, eran de que siempre mi esfuerzo era nada, sacaba las peores notas (cero era poco porque, como me aburría en clase, mi "mala" conducta hacía que los "0" del examen se convirtieran en números negativos). Mis padres estaban muuuy preocupados, pero de nada servían los profesores de refuerzo ni psicólogos, ellos seguían las mismas metodologías precarias para darme clases y refuerzo extraescolar. Yo asistía, desde infantil, a un centro privado americano, en donde la mitad del día las clases eran en inglés, para mí era ya complicado el español que era mi lengua materna, ¡imaginaros el inglés! Yo recuerdo que para mí las horas que estaba despierta eran leer, hacer deberes, leer, hacer deberes, leer, hacer deberes en dos idiomas... nunca tenía un momento para hacer cosas que me gustaran, por ejemplo "salto de altura" que por un año mi mamá me dejó ir a los entrenamientos y gané primeros lugares en mi zona, ya no supe si ganaría o no a nivel del país, porque mi maestra le dijo a mi madre que debería de estudiar más, si no suspendería, y así lo hizo, me sacó de lo que más me gustaba y me puso a hacer lo que menos me gustaba "estudiar aún más!" Yo solo quería que llegara la noche para dormir, porque ahí era cuando en mis sueños hacía lo que yo quería, pero a la mañana siguiente otra vez a el colegio, era una tortura, a tal grado que me inventaba enfermedades, pero como mi madre es tan lista sabía que no eran verdad y me mandaba con mis "calenturas de pollo" (así les llamaba ella).

Me llevaban al psicólogo para saber si la maestra abusaba de mí o algo así, pero yo insistía en que de verdad me dolía la tripa y la cabeza, no sabía cómo decirles que no quería ir al colegio porque no me gustaba que me ridiculizaran enfrente de mis compañeros y me dijeran que era una "burra", que no serviría ni para barrer calles. Recuerdo con tanto rencor a esos profesores! aunque no todos eran así, algunos sí que se apiadaban de mi y, aunque no sabían qué me causaba las malas notas, me ayudaban en lo que podían. Recuerdo que a mí me gustaba mucho participar en los eventos de folklor, teatro y bailes, pero como no sacaba buenas notas no me dejaban participar, mientras mis compañeros entrenaban para los festivales, yo desde la ventana les veía, yo estaba castigada por no ser "inteligente", por no sacar buenas notas. Solía quedarme embobada viendo cómo ellos entrenaban y me imaginaba que yo era uno de ellos. Al llegar a casa hacía los movimientos o diálogos que ellos hacían, y cuando eran los festivales no participaba, solo era un espectador... así recuerdo algunos años, los años que me tocaron maestros que les importaba más una buena nota en matemáticas y lengua que ver a un niño feliz.

Cabe decir que no siempre fue así, al llegar el bachillerato (secundaria en México), mi conducta era la de un payaso en clase, mis amigos se divertían mucho conmigo, y sin querer me hice amiga de una de las chicas más inteligentes de la clase (quien ahora es "mi cerebro izquierdo y yo soy su cerebro derecho" porque yo soy más creativa y ella más lógica), ahí fue cuando ella, junto con otros amigos que quiero mucho, me ayudaron a no suspender.

Mis padres, preocupados porque, a pesar de llevar una educación bilingüe, no hablaba ni entendía bien el inglés, me daban la oportunidad de ir con familias americanas en las vacaciones. Recuerdo que cuando llegaba a Estados Unidos no entendía casi nada, pero la supervivencia y mi carácter amigable me ayudaban a entender y a hablar el inglés, el problema ahora era el que las palabras en español se me olvidaban!!! Aún ahora, si no practico el inglés me cuesta arrancar, pero gracias a la educación que me dieron mis padres, una vez que arranco no hay quien me pare.

Recuerdo que mi visión hacia los estudios cambió cuando llegué a la universidad, ahí me impresioné de que mis notas fueran de las más altas, NUNCA me había pasado eso, pensé que era suerte! así terminé la universidad con buenas notas (excepto en las materias que eran de matemáticas y teóricas, que no sacaba las peores, pero tampoco las mejores).

Trabajé como diseñadora gráfica en las mejores agencias de publicidad de Estados Unidos (en México), realicé un máster en Diseño Gráfico en el Reino Unido (con beca que gané de entre cinco mil alumnos de todo el mundo) y fue ahí cuando mi profesor vio que podía tener algún trastorno que me causara una mala redacción. Él vio que yo me expresaba correctamente, que entendía lo que me explicaban, pero que al momento de escribir cambiaba las palabras o escribía frases sueltas, además de que siempre cambiaba las fechas de asesoría y entregas (a pesar de que lo tenía apuntado, por suerte siempre era antes del día/hora que tenía que hacerlo). Recuerdo que cuando me dijo "porqué no escribes lo que me comentas" yo pensé "este se piensa que por no ser inglesa soy tonta!", y cuando imprimió lo que le mandé e hizo que lo leyera me quedé impresionada! yo no sabía que no escribía correctamente! Fue un gran shock para mí. Así que me puse a investigar al cien por cien lo que era la dislexia y supe que eso era lo que me había causado a mí, a mis padres y maestros tantos dolores de cabeza! Ahí comprendí por qué sacaba buenas notas cuando los exámenes eran orales, ya que antes pensaba que las buenas notas eran porque el profesor me decía las respuestas! jajaja.

Después llegué a España a estudiar mi doctorado en Educación porque quería ayudar a los niños que, como yo, tienen otra inteligencia ajena a lo que el precario sistema educativo demanda, así que comencé con el Doctorado en Procesos de Calidad e Innovación

Educativa, centrándome en el tema de la dislexia. Para hacer mi tesis doctoral elegí al profesional, que según yo, era el más adecuado para llevarme mi tesis "El coordinador en el máster de Necesidades Educativas" y fue un gran error! ya que él me hizo sentir que yo tenía un retraso mental! Sus comentarios hacia mis escritos eran solo de que "cuando yo quería hacia las cosas bien" que la dislexia no existía y que eso lo hacía porque no le ponía atención, cuando yo ponía el cien por cien de atención e iba muy contenta a las entregas porque me apasionaba el tema. Tal fue su presión que me hizo ir a diagnosticarme la dislexia. Recuerdo que cuando fui a recoger los resultados pensé que me dirían que tenía retraso mental, y cuando se lo dije a la psicóloga me dijo "si tuvieras un retraso no hubieras terminado ni la primaria" tú tienes dislexia y necesitas quitar de tu camino a personas como tu director de tesis, así que cambié de director y gracias a mi nuevo director casi estoy terminando mi doctorado con asesoría de uno de los mejores investigadores del Reino Unido en mi especialidad, soy miembro del Grupo de Investigación DIM-UAB (Didáctica y Multimedia de la Universidad Autónoma de Barcelona) dirigido por el Dr. Pere Marquès, trabajo como directora de proyecto en BubbleBooks que es una empresa que apostó por crear material para TODOS, no importando cuál sea la inteligencia de cada niño, como todos somos diferentes este material le sirve a todos los niños! Mi trabajo es mi pasión y el recibir mensajes de madres a quienes les doy asesoría sobre cómo tratar a sus hijos con TDAH, dislexia, asperger, etc... son mi alegría. Ayudar a niños, que como yo, han sufrido a causa de la precariedad del sistema educativo, es lo que ahora es mi vida! Yo les aconsejo a esas madres que lo más importante es ver a nuestros niños felices, el ensañarles a su manera y de forma divertida es lo que necesitan, así harán su aprendizaje suyo y será difícil olvidarlo. No es fácil, pero gracias a Internet y las nuevas tecnologías, como el iPad, ahora podemos hacer que el aprendizaje sea divertido. A los niños debemos de enseñarles como niños, jugando, y no como adultos!

Bueno, creo que me he enrollado, pero como verán me apasiona el tema. Y por cierto, ahora aquellos profesores y compañeros que no me querían por ser "burra", por ser la leprosa de la clase, ahora me tienen respeto, ¡y eso es lo más gratificante! Y los psicólogos que me vieron en mi infancia, y a los que les he ido a decir que tengo dislexia, me dicen que he llegado hasta donde estoy por mi esfuerzo, por seguir el ejemplo de mis padres, que son personas trabajadoras y luchadoras. Yo siempre he visto a mis padres trabajar muy duro, incluso aún enfermos con cuarenta grados de temperatura y con dolores espantosos van a trabajar. Mis padres venden bocadillos (tortas en México) en la calle, mi padre es huérfano y su infancia la pasó en la calle durmiendo en estaciones de tren y vendiendo caramelos en los semáforos, sin embargo siempre ha trabajado muy duro para pagarnos a mis hermanos y a mí los mejores colegios y universidades (yo estudié en una de las mejores universidades privadas de México, en donde solo estudian los hijos de gente con un nivel económico muy elevado). La idea de mis padres es que no nos pueden dejar mejor herencia que nuestros estudios, una buena educación, y creo que sí, que su ejemplo de trabajar muy duro y luchar por lo que tenemos fue un ejemplo para que yo no tirara la toalla, y se los agradezco enormemente. Esta es la historia de mi vida como disléxica que ha terminado sus estudios y que ahora tiene un trabajo que la llena plenamente.

P.D. Aún sigo necesitando, aunque ya no tanto, un corrector de textos para mi ortografía.

Fer del Real
Investigadora en Educación/Tecnología Inclusiva
Barcelona

Un mensaje sobre dislexia

Me preocupa que con mi testimonio se pueda pensar que superar la dislexia es fácil. Mis colegas en la universidad piensan que trabajo demasiado, sin embargo, para mí ahora no trabajo demasiado. Cuando trabajé demasiado era de pequeña, cuando trabajaba por la tarde hasta la hora de la cena y después de cenar. Copié varios libros a mano. Recuerdo cómo me dolía la cabeza al copiar. Me aprendía los libros de memoria. Me hacía esquemas de cada párrafo. Ahora me doy cuenta de que estudiar con esquemas me ha ayudado a desvincular los conceptos de las palabras con las que se expresan para pensar de manera creativa.

Si de pequeña me hubieran dicho que iba a terminar una carrera universitaria me habría enfadado, me habría hecho daño porque hubiera pensado que estaban jugando con mis sueños. Cuando eres pequeño parece imposible. Parece que los días son larguísimos. Que los años académicos son eternos. Se puede. Con trabajo se puede. Hay que estar preparado para fracasar, que las cosas no salgan como tú piensas. Lo bueno es que los disléxicos ya estamos acostumbrados a ello así que cuando nos sale algo bien casi no nos lo creemos.

Después de superar o de aprender a convivir con la dislexia lo más difícil es creerse que lo has superado. La duda de si lo que lees está bien o no o si lo que estás escribiendo está bien o no, te queda siempre. Hoy, mis artículos científicos los tienen que revisar mis coautores. Hoy tardo más en leer pero no me ha impedido desarrollarme como investigadora.

Si estás leyendo esto y piensas que es imposible para ti, no te preocupes, no hace falta que te lo creas, solo no te rindas y sigue trabajando en lo que te gusta. Nadie sabe lo que va a pasar. Si alguien te dice que no puedes, se equivoca. Nadie sabe eso. A mí también me lo dijeron. Tú sigue adelante.

Luz Rello
Investigadora Lingüista (Universidad Complutense de Madrid)
Doctora en informática (Universitat Pompeu Fabra)

Para saber más...

Amador, J. A., Fons, M. y González, M. (2010). *Trastorno por déficit de atención con hiperactividad (TDAH)*. Madrid. Síntesis.

Lozano Soriano, Fco. Javier, (2016). *Juanito y su TDAH, ser feliz es posible* 3ª Edición. PSYLICOM Distribuciones Editoriales.

Moreno, G. I. (1995). *Hiperactividad. Prevención, Evaluación y Tratamiento en la Infancia.* Madrid. Pirámide

Moreno, G. I. (2005): *El niño hiperactivo*. Madrid. Pirámide.

Moreno, G. I. (2008): *Hiperactividad infantil. Guía de actuación.* Madrid. Pirámide.

Quintero, G. del A., Correas, L. J. y Quintero, L. F. J. (2009). *Trastorno por Déficit de Atención con Hiperactividad (TDAH) a lo largo de la vida*. Barcelona. Elsevier Masson.

Soutullo C. (2008). *Convivir con niños y adolescentes con TDAH* 2ª Edición. Editorial Médica Panamericana. ISBN: 978-84-9835-138-5

Soutullo C. et al., (2013). *El TDAH en España. Informe PANDAH (Plan de Acción en TDAH)*. Adelphi Targuis S.L. ISBN: 978-84-695-8912-0

Rubén Galve (12 años)

Federación Española de Asociaciones de Ayuda al Déficit de Atención e Hiperactividad (FEAADAH)
adahimurcia@hotmail.com
www.feaadah.org

ANDALUCÍA

CÁDIZ

Asociación de familiares de niños hiperactivos (AFHIP)
C/Tío Juanes-Estancia Barrera, Local 2. Apdo. Correos 1955
11401 Jerez de la Frontera (Cádiz)
afhip1@gmail.com
http://www.afhip.org
601 263 309
679 704 875

CÓRDOBA

Asociación cordobesa de déficit de atención e hiperactividad (ACODAH)
Plaza Conde de Gavia, 4 Portal 4
14002 Córdoba
acodah@gmail.com
http://www.acodah.org
625 263 515
625 263 515

Asociación El Puente-TDAH
C/ Madrid, 19
14500 Puente Genil (Córdoba)
elpuentetdah@gmail.com
http://www.elpuentetdah.com/
628 984 349

GRANADA

Asociación de madres y padres de niños y adolescentes hiperactivos y con trastorno de conducta (AMPACHICO)
C/ Ramón y Cajal, 15
18220 Albolote (Granada)
ampachico@gmail.com
http://www.tdah-granada.com
693 728 327
693 728 327

Asociación Acofa TDAH
Camino Real de Motril, 5 (Centro de Servicios Sociales)
18690 Almuñécar (Granada)
acofatdah@gmail.com
http://acofatdah.jimdo.com
674 651 007

Asociación ALNIDEFAHI
Virgen del Saliente, 15
Baza (Granada)
charicopito@hotmail.com
http://alnidefahi.blogspot.com.es/
657 611 632

HUELVA

Aire Libre. Asociación de familias con TDAH
C/ Hermanos Maristas, Bloque H Local
21006 Huelva
asairelibre@gmail.com
http://www.tdahairelibrehuelva.com
959 234 698
615 767 252

Asociación Terapéutica La Tortuga
Carretera del Rocío, 137
21730 Almonte (Huelva)
asociacionterapeuticalatortuga@hotmail.com
http://asociacionterapeuticalatortuga.es/
605 839 646
615 198 515
697 606 592

MALAGA
Asociación TDAH-AXARQUIA
C/Antonio Ferrandis, 25, esc. A, 5° B
29780 Nerja (Málaga)
tdahaxarquia@gmail.com
650 358 939

Asociación TDAH-Málaga
Avda. Europa, nº 110, Bloq. 8, 7°A
29003 Málaga
info@tdahmalaga.org
http://www.tdahmalaga.org
635 435 086
655 073 515

FAHYDA. Federación andaluza de asociaciones de ayuda al trastorno hipercinético y déficit de atención
C/ Horacio Lengo 13, Blq. C-3-2,
29006 Málaga
fahyda.org@gmail.com
http://fahyda.blogspot.com/
693 728 555

SEVILLA
Asociación niñ@ctivo
C/ Vicente Aleixandre, 3
41701 Dos Hermanas (Sevilla)
info@ninoactivo.org
http://www.ninoactivo.org
954 047 489
625 957 455

ASPATHI. Asociación sevillana de padres y afectados con trastornos hipercinéticos
Juan Antonio Cavestany, 22 Local 8
41003 Sevilla
juntadirectiva.aspathi@gmail.com
http://www.aspathi.hol.es
615 268 903
625 558 153

ARAGÓN

HUESCA
Asociación aragonesa del trastorno por déficit de atención con o sin hiperactividad (AATEDA)
C/ Berenguer, 2-4. 4° planta. Edif. Bantierra.
22002 Huesca
aateda@ono.com
680 599 589

ZARAGOZA
Asociación aragonesa del trastorno por déficit de atención con o sin hiperactividad (AATEDA)
C/Blas de Otero, Local 5
50018 Zaragoza
aateda@ono.com
976 522 293 (tardes de 17:00 a 19:30 h.)
653 952 559
639 462 447

Asociación regional Aragonesa de familiares y profesionales orientada al diagnóstico, investigación, tratamiento y tiempo libre de la hiperactividad, déficit de Atención y trastornos asociados (ATENCIONA)
C/ Concepción Saiz de Otero, 16
50018 Zaragoza
asociacionatenciona@gmail.com
http://www.atenciona.es
876 164 948
675 493 273

ASTURIAS

Asociación de niños hiperactivos del Principado de Asturias (ANHIPA)
Gijón
Hotel de Asociaciones Sociosanitarias. Avd. Hnos. Felgueroso, 78, oficina 17
33209 Gijón (Asturias)
anhipa_asturias@hotmail.com
http://www.anhipa.com
667 425 279
647 592 222

Asociación de niños hiperactivos del Principado de Asturias (ANHIPA)
Oviedo
Centro Social Pumarín, C/ Turina
33011 Oviedo (Asturias)
anhipa_asturias@hotmail.com
http://www.anhipa.com
667 425 279
647 592 222

ISLAS BALEARES

MENORCA
Asociación TDAH Menorca
Centre polivalent Carlos Mir Camí
Trepucó s/n
07702 Maó (Menorca)
tdahmenorca@hotmail.com
http://web-tdah-menorca.blogspot.com.es/
971 357 579
608 597 590

MALLORCA
Asociación balear de padres de niños con trastorno de déficit de atención con y sin hiperactividad (TDAH) STILL
C/ Josep Anselm i Clavé, Nº8, 4º 1º
07006 Palma de Mallorca
stilltdah@yahoo.es
http://www.still-tdah.com/
971 460 230
619 515 187

ISLAS CANARIAS

TENERIFE
Asociación Tinerfeña de Madres y Padres de Niños y Adolescentes con Déficit de Atención e Hiperactividad (ATIMANA-DAH)
Avenida La Libertad s/n, Edificio Araucaria 18 viv., Local E-4, Polígono industrial Los Majuelos
38108 San Cristóbal de La Laguna. (Santa Cruz de Tenerife)
secretariaatimana@gmail.com
http://www.atimana.org
922 645 715

Besay. Asociación de padres y madres de niñ@s y jóvenes con déficit de atención e hiperactividad
Avenida Venezuela, 1
38750 El Paso. Isla La Palma. (Santa Cruz de Tenerife)
tdahbesay@hotmail.com
http://asociacionbesaydetdah.jimdo.com
922 486 562

LAS PALMAS
Asociación de familiares de afectados por TDAH Gran Canaria (TDAH-GC)
Las Palmas de Gran Canaria.
asociacion@tdahgc.org.es
http://www.tdahgc.org.es
695 179 439

CANTABRIA

Asociación ACANPADAH
Avda. los castros 141, D-1º F
39012 Santander
acanpadah@hotmail.com
http://www.acanpadah.org
647 874 045

Fundación CADAH
C/ Francisco Tomas y Valiente, 13B
39011 Santander
reginacobo@fundacioncadah.org
http://www.fundacioncadah.org/
942 213 766
682 638 180

CASTILLA-LA MANCHA

ALBACETE
Asociación APANDAH
C/ Doctor Fleming, 12
02002 Albacete
apandah@gmail.com

687 728 786
628 194 580
620 781 922 (Hellín)

AVANZA TDAH
Calle La Estrella, 15 Apartado de Correos nº 115
02640 Almansa (Albacete)
almansa@avanzatdah.com
634 294 026

CIUDAD REAL
Asociación Manchega de Hiperactividad y Déficit de Atención (AMHIDA)
C/ Infantes 3, Esquina con Zarza
13002 Ciudad Real
info@amhida.es
http://www.amhida.es
926 922 161
655 956 611
655 956 603

Federación Castellano-Manchega de asociaciones de familias y afectados de trastorno por déficit de atención con o sin hiperactividad (FACAM TDAH)
C/ Infantes 3
13002 Ciudad Real
presidenta.facam.tdah@gmail.com
http://facamtdah.es/
949 339 785
619 060 990

Asociación hiperactividad-déficit de atención de Alcázar de San Juan (HADA ALCAZAR)
C/ Andrómeda, 11
13600 Alcázar de San Juan (Ciudad Real)
hadaalcazar@yahoo.es
616 631 900

CUENCA
Asociación Serena
C/ Río Mariana, 5
16004 Cuenca
socioserena@hotmail.es
http://serenacuenca.blogspot.com.es/
969 691 929
665 767 187

CASTILLA Y LEÓN

BURGOS
Asociación burgalesa afectados por el déficit de atención e hiperactividad (ABUDAH)
Centro Socio Sanitario Graciliano Urbaneja Paseo de Comendadores s/n - 2ª planta
09001 Burgos
asociacionabudah@gmail.com
http://www.abudah.es/
650 767 693

LEÓN
Asociación de déficit de atención con o sin hiperactividad de El Bierzo (ADAHBI)
Bajos del Toralín, Local nº 18
24400 Ponferrada (León)
adahbierzo@gmail.com
http://www.asociacionadahbi.org
686 025 035

ADAHIAS. Asociación de afectados de déficit de atención por el trastorno de déficit de atención con o sin hiperactividad Astorga
Plaza de San Miguel
24700 Astorga (León)
adahias@gmail.com
http://adahias.blogspot.com.es/
673 526 008

ALENHI. Asociación Leonesa de Afectados por el Trastorno de Déficit de Atención con o sin Hiperactividad.
C/ Cardenal Lorenzana, 1, 1º A
24001 León
info@alenhi.org
http://www.alenhi.org

987 248 177
669 867 949

Asociación mirandesa de afectados por el trastorno de déficit de atención e hiperactividad (AMIDAHI)
C/ Logroño, 61, bajo izquierda
09200 Miranda de Ebro (Burgos)
amidahimiranda@gmail.com
646 429 607

Asociación Arandina de TDA-H y TGD
Centro Comercial Isilla, 3, 3ª Planta - Of. G.
09400 Aranda de Duero (Burgos)
a.a.tdh@orangemail.es
http://a-a-aranda-de-duero.xn--espaa-rta.asociaciones.tdah.tel/
680 455 269

SALAMANCA
Asociación salmantina de niños hiperactivos (ASANHI)
C/ de la Bañeza
37006 Salamanca
asanhi@gmail.com
http://www.asanhi.org/
664 844 058
671 487 316
664 844 058

PALENCIA
ASOCIACION TDA-H PALENCIA
Centro Social Municipal "Pan y Guindas" - C/ Quito, s/n Barrio de Pan y Guindas
34003 Palencia
info@tdah-palencia.es
http://www.tdah-palencia.es
979 110 330
663 803 898

VALLADOLID
Asociación vallisoletana de afectados por trastorno de déficit de atención con o sin hiperactividad (AVATDAH)
C/ Mariano García Abril 4, local 7
47014 Valladolid
info@avatdah.org
http://www.avatdah.org
983 115 786
645 195 936

Fundación de ayuda a la infancia de Castilla y León (FUNDAICYL)
C/ Domingo Martínez, 19
47007 Valladolid
info@fundaicyl.org
http://www.fundaicyl.org
983 22 18 89
630 951 900

ZAMORA
Asociación Zamorana de Afectados por el TDAH (AZADAHI Zamora)
Avenida de Portugal, 31 C, 5°C
49016 Zamora
Atención a familias: Plaza Santa María La Nueva, N°2
azadahizamora2012@gmail.com
980 165 475
Horario telefónico: de lunes a viernes de 12.00h a 14.00 horas

Karacoltdah
Travesía del vado número 5 Cañizo
49128 Zamora
Karacoltdah@hotmail.com
980 160 489
657 805 031

CATALUÑA

BARCELONA
Associació de pares de nens amb dèficit d´Atenció amb o sense Hiperactivitat (APDAH)
C/Lepant, 257 esc. G bxos, 1ª
08224 Terrassa (Barcelona)
apdah.terrassa@gmail.com
http://apdah.terrassa.net
680 987 555

Asociación de Ayuda al TDAH del Bages
C/ Font dels Capellans, Torre 8, 6-3º
08243 Manresa (Barcelona)
aatdahdelbages@hotmail.com
635 651 212

Asociación TDAH-PENEDÉS
C/ Escorxador 9 Despatx 5
08720 Vilafranca del Penedés (Barcelona)
tdah-penedes@hotmail.com
http://tdahpenedes.vilaentitats.cat
665 271 321
676 129 775
ATEDA
C/ Gomis, 102-104
08022 Barcelona
ateda@ateda.org
934 170 739

Federació catalana d´associacions de familiars i a afectats de TDAH (FCAFA TDAH)
C/ Riereta, 4 Hotel d
08830 Sant Boi de Llobregat (Barcelona)
fcafatdah.secretaria@gmail.com
634 412 152

Fundación ADANA
Avinguda Tibidabo, 15 planta Baixa
08022 Barcelona
info@fundacioadana.org
http://www.fundacioadana.org
932 411 979
932 411 977

Plataforma TDAH Associació
C/ Riereta, 4. Hotel d'Entitats
08830 Sant Boi de Llobregat (Barcelona)
plataformatdah@gmail.com
http://www.plataformatdah.org
634 412 152

Plataforma TDAH Associació
Rambla Sant Joan, 59-77 Centre Cívic Can Cabanyes
08917 Badalona (Barcelona)
plataformatdah@gmail.com
www.plataformatdah.org
600 015 962
634 412 152

TDAH CATALUNYA
C/ Esteve Terradas, 30 Ed. Gregal
08023 Barcelona
info@tdahcatalunya.org
http://www.tdahcatalunya.org
697 237 757
697 237 757

TDAH Vallès
C/ Sant Joan, 20
08202 Sabadell (Barcelona)
info@tdahvalles.org
http://www.tdahvalles.org
937 274 605
686 935 887

TDAH Maresme la Selva
Centre civic Malgrat c/ Segre nº 1
08380 Malgrat de Mar (Barcelona)
tdahmaresmeselva@hotmail.com
697 993 333

GIRONA
TDAH CATALUNYA. Delegación Girona
Sin dirección
Girona
infogirona@tdahcatalunya.org
www.tdahcatalunya.org
678 764 549

LLEIDA
Associació de famílies amb fills en dificultats d´aprenentatge (AFAFDA)
C/ Segle XX. 2 5º pìs
25300 Tárrega (Lleida)
afafda_lleida@yahoo.es
686 098 170
620 277 989

TARRAGONA
Asociación ajut per l´hiperactivitat i déficit d´atenció-Terres de l´Ebre (AHIDA-TTE)
Centre Cívic Urb. Torre d
435320 Roquetes (Tarragona)
ahida-tte@hotmail.com
http://www.tortosa.com/ahida-tte/
635 448 575

Asociació provincial de pares i mares amb fills amb dèficit d´Atenció amb o sense Hiperactivitat (APYDA)
Casa del Mar. C/ Francesc Bastos, 19
43005 Tarragona
info@apyda.com
http://www.apyda.com
620 863 402

EXTREMADURA

CÁCERES
ANDAH. Asociación de niños con déficit de atención e hiperactividad
Avda. Virgen de Guadalupe, 22, 1° A
10001 Cáceres
cc.andah@gmail.com
http://www.tdah-andah-caceres.es
636 580 908
677 477 722
645 921 214

BADAJOZ
Asociación El Amanecer
Avda. Libertad, 39
06800 Mérida (Badajoz)
924 372 226
629 055 877

GALICIA

A CORUÑA
Asociación Compostelana de Niños y Niñas Hiperactivos (ACNH)
C/ Romero Donallo, 34, Entreplanta A
15706 Santiago de Compostela (A Coruña)
acnh@acnhsantiago.com
http://www.acnhsantiago.org
981 525 007
Horario: Mañanas de 10:00 a 13:00h. de martes a viernes. Tardes de 16:00 a 20:00 h. de lunes a viernes.

Asociación de niños con Trastorno por Déficit de atención con/sin Hiperactividad de la provincia de A Coruña (ANHIDACORUÑA)
Pazo Villa Melania, Avenida de Vilaboa, 44
15174 Culleredo (A Coruña)
corunaanhida@gmail.com
https://sites.google.com/site/anhidacoruna
981 903 830
676 583 232
698 133 438

PONTEVEDRA
Asociación de niños con Hiperactividad y / o Déficit de Atención (ANHIDA)
Rua Antón Beiras N° 8
36206 Vigo (Pontevedra)
anhidavigo@anhida.org
http://www.anhida.es
654 735 266
689 773 926
654 735 026
Fax: 886 123 864

LUGO
Asociación Bule Bule
Emilia Pardo Bazán 4-6
27001 Lugo
info@tdahbulebule.org
http://tdahbulebule.org
982 217 299
647 255 442

LA RIOJA

Asociación Riojana de Padres de Niños Hiperactivos (ARPANIH)

Avda. de La Rioja, 12, 2°, puerta 2
26001 Logroño
arpanih@gmail.com
http://www.arpanih.org/
608 692 614

MADRID

AAMNDAH Alcobendas
Plaza del Maestro Granados, nº1
28100 Alcobendas (Madrid)
aamndahalcobendas@gmail.com
http://www.aamndah.com
910 299 240
654 118 457

Asociación de familiares de Alcorcón con niños/as con déficit de atención y/o hiperactividad (AFANDAH)
C/ Timanfaya, 15 -23 (Centro de Asociaciones de la Salud)
28924 Alcorcón (Madrid)
afandah@hotmail.com
629 95 72 24
637 746 372

Asociación Familiar de Afectados con niños con TDAH de Fuenlabrada (AFANTDAH 940)
Colegio Manuel de Falla. C/ Reinosa, nº 26
28941 Fuenlabrada (Madrid)
info@afantdah.org
http://afantdah.org
685 537 770
695 562 825

APDE Sierra TDAH
C/ General Mola, nº 7
28440 Guadarrama (Madrid)
info@apdesierratdah.org
http://apdesierratdah.blogspot.com.es
818 521 593
618 649 756

Asociación ANSHDA
Pasaje de Valdilecha, 5-7 (Esquina C/ Molina de Segura, 33)
28030 Madrid
info@anshda.org
http://www.anshda.org/
913 560 207
691 530 347
913 610 433

Fundación Educación Activa
C/ Jimena Menéndez Pidal, nº 8-A
28023 Madrid
info@educacionactiva.com
http://www.educacionactiva.com/
913 572 633
913 078 868

MURCIA

Asociación de ayuda al déficit de atención con más o menos hiperactividad. Cartagena (ADAHI)
Colegio San Carlos C/ Del Romeral, nº 8 Tentegorra
30205 Cartagena (Murcia)
http://www.ada-hi.org/
968 316 159
663 086 184
650 968 834
606 692 009

Asociación de ayuda al déficit de atención con más o menos hiperactividad. Murcia (ADAHI)
Edificio C, 2ª Planta Campus Universitario de Espinardo
30100 Espinardo (Murcia)
adahimurcia@hotmail.com
http://www.ada-hi.org/
670 985 693

Asociación de ayuda al déficit de atención con más o menos hiperactividad. Torre Pacheco (ADAHI)
Centro Adahi C/ Río Turia, Nº2
30700 Torre Pacheco (Murcia)
adahimurcia@hotmail.com

http://www.ada-hi.org
637 561 131

Asociación ADAHIMOLINA
C/ García Lorca, 70
30500 Molina de Segura (Murcia)
adahimolina@gmail.com
673 441 205

Asociación Águilas Vida Activa
C/ Caridad, 14-A, 1°
30880 Águilas (Murcia)
aguilasvidaactiva@hotmail.com
630 114 938

Asociación Lorca Activa TDAH
Calle Francísco Escobar Barberan, s/n. Casa de ONGs, Ayto. de Lorca
30800 Lorca (Murcia)
lorcactivatdah@hotmail.es
http://www.lorcaactivatdah.es
647 127 776

NAVARRA

Asociación navarra para el tratamiento y el estudio del déficit de atención hiperactividad e impulsividad (ADHI)
C/ Erletokieta, 1, Oficina-4 y 5
31007 Pamplona (Navarra)
asociacionadhi@gmail.com
http://www.adhi.asociacionespamplona.es
616 617 861
607 492 847
Fax: 948 252 963

Asociación navarra de apoyo a personas con TDAH de la Ribera y sus familias (ANDAR)
C/ Serafín Azcona Gámen, 3 bajo
31500 Tudela (Navarra)
andar@asociacionandar.com
http://www.asociacionandar.com
948 824 763
636 697 327
630 979 416

Asociación TDAH Sarasate
Calle Barrio de San Pedro 18, Bajo.
31014 Pamplona (Navarra)
info@tdahsarasate.com
http://www.tdahsarasate.com
948 277 090
672 219 829

PAIS VASCO

GIPUZCOA

Asociación de déficit de atención e hiperactividad de Gipuzkoa (ADAHIgi)
C/ Katalina Eleizegi, 40, Bajo
20009 Donostia (Guipúzcoa)
adahigi@adahigi.org
http://www.adahigi.org/
943 459 594

ÁLAVA

Asociación de niños y adultos con déficit de atención, hiperactividad e impulsividad (ANADAHI)
C/ Vicente Abreu, 7-Bajo
01008 Vitoria-Gasteiz (Álava)
anadahi@outlook.es
http://anadahi.kzcomunidades.net/es/html/
945 213 943
665 704 998

BIZKAIA

Asociación AHIDA Bizkaia
Parque Jose Maria Txabarri Zuazo, s/n. Centro de voluntariado Gobelaurre
48930 Getxo (Bizkaia)
ahida05@euskalnet.net
http://www.ahida.es
944 315 783
647 900 850

EUSARGHI. Federación de la Comunidad Vasca de asociaciones

de trastornos por déficit de atención con/sin hiperactividad.
EUSARGHI, es la Federación formada por las tres asociaciones de la Comunidad Autónoma Vasca:
ANADAHI - Araba
AHIDA - Bizkaia
ADAHIgi - Gipuzkoa
... País Vasco
http://www.eusarghi.org

VALENCIA

CASTELLÓN
Padres de afectados por déficit de atención e hiperactividad de la provincia de Castellón (APADAHCAS)
C/ Alcalde Tárrega, 18 bajo (esquina C/ Oviedo)
12006 Castellón de la Plana
apadahcas@gmail.com
http://www.apadahcas.org
634 504 644

VALENCIA
Asociación de padres de niños y adolescentes con déficit de atención e hiperactividad (APNADAH)
C/Archiduque Carlos, 2, Pta. 7
46018 Valencia
asociacion@apnadah.org
http://www.apnadah.org
963 293 494
963 382 096

Asociació TDAH+16 Valencia
tdahmas16valencia@gmail.com
626 225 746

ANDORRA

Asociació andorrana de la hiperactivitat i trastorn del déficit d´atenció (ALBATROS)
Plaça Germandat s/n. Centre Cultural i de Congressos Lauredià
AD600 Sant Julià de Lòria. Andorra
tdah.albatros@andorra.ad
http://www.associacioalbatros.com
37 664 81 44

Índice